Arimea Ashanti

Aufstieg in die 5. Dimension

Aufstieg in die 5.Dimension
Autor: Arimea Ashanti
Herausgeber: Tatjana Zinkiewicz

1. Auflage August 2013

© 2013 bei Tatjana Zinkiewicz
Bilder und Fotos Arimea Ashanti
Bilder: Erzengel Michael
         Einhorn in Lichtflammen von Margret Hüsgen

Herstellung und Verlag:

Books on Demand GmbH, Norderstedt

ISBN: 9783732253548

Danksagung

Mein Dank gilt:

Der göttlichen Mutter

Mutter Erde, die mich bei jedem meiner Schritte getragen und gestärkt hat.

Erzengel Michael - Ich liebe dich
Erzengel Raphael für das ständige Umsorgen und Heilen meines Körpers
Allen Erzengeln und Engelreichen
Babaji für deine klare humorvolle Art
Meiner Familie, den Einhörnern
Anamira und dem gesamte Elementarreich
Dem Pflanzenreich
Dem Mineralreich
Dem Tierreich
Meinen kostbaren Freunden Sharon und Magy

Danke, ohne euch wäre ich nicht da, wo ich jetzt bin.

Ich liebe euch

Inhaltsverzeichnis:

Aufstiegstagebuch in die 5.Dimension   5

Botschaften von Mutter Erde   36

Botschaft der Elfenkönigin   54

Botschaft des Holunder   58

Botschaft der Eiche   59

Botschaften der Steine   61

Botschaft der Katzen   90

Botschaften der Planeten   92

Botschaften der Engel   98

Botschaft der Einhörner   110

Kontakt   116

Aufstiegstagebuch in die 5. Dimension

Am 11.7.2013 bin ich mit meinem Körper in die 5. Dimension aufgestiegen.

Aber ich fange einen Tag vorher an.
Für einen Hilfesuchenden habe ich mich mit der göttlichen Mutter verbunden.
Ich rede oft mit ihr und vermittele oft Botschaften aus ihrem Herzen.
An diesem Abend war alles anders.
Ich empfand die Energie der göttlichen Mutter als sehr hochschwingend und zwar so hoch, dass mir schwindelig wurde. Ihre Botschaft hatte eine viel tiefere Essenz, die allein durch die Worte nicht ausgedrückt werden konnte, sondern als Schwingungsmuster in den Zellen vibrierte.
Fern ab des Verstandes kann man diese Botschaft erfühlen – je offener und weiter entwickelt das Bewusstsein ist, umso mehr entschlüsselt sich das Wort.
Diese hohe Schwingung legte mein Denken lahm – was sehr erholsam war. Ich bin danach ins Bett gegangen, erfüllt von dieser Energie, sehr müde und konnte nicht schlafen. Die Kundalini-Energie vom 2. Chakra vorne aus, sendete Wellen bis zum Solarplexus und verteilte sich dann im Körper – immer wieder. Da ich zu diesem Zeitpunkt nicht wusste, was da passiert, war mein Kopf sehr verunsichert und etwas ängstlich. Wenn ich mit meiner Aufmerksamkeit in das Fühlen ging, war alles ruhig, es fühlte sich angenehm an und war von Freude begleitet.
Irgendwann bin ich eingeschlafen.

Der 11.7.2013 fing fast normal an, mein Hund hatte Durchfall, meinte dann später in einem Sumpf baden gehen zu müssen und kam schwarz wieder raus, mein 8-jähriger Sohn war sehr unruhig, wütend, weinerlich (aber auch schon die Tage davor) alles auf dem Weg in die Schule.
Dieser Tag war wie die letzten 14 Tage, in denen ständig neue Aufgaben kamen, sodass ich nicht wirklich Zeit hatte über irgendetwas nach zu denken. Ich bin einfach immer nur den

inneren Impulsen gefolgt und habe gearbeitet – meistens bis nachts um halb 12.

Auch dieser Tag war voll mit Terminen, Seminarplanung und Karate-Unterricht meines Sohnes.

So gegen halb 3 merkte ich, dass mir übel wurde – im Solarplexus Bereich, gleichzeitig wurde ich total müde bis zur Erschöpfung und befand mich mehr oder weniger in einem Trancezustand. Mein Sohn hatte Kopfschmerzen und wir beschlossen das Karate-Training ausfallen zu lassen. Gott sei Dank, dachte ich, dann kann ich an meinem Buch weiter schreiben und das Seminar planen.
Dachte ich ..... aber ab da war dann Denken nicht mehr möglich und ich saß nur vor dem Laptop und surfte in Facebook. Der Zustand wurde immer unheimlicher und zum Glück war mein Seelenbruder Sharon gerade on. Da ich in diesem Zustand nicht mehr wirklich etwas mit bekommen habe, schreibe ich euch unseren Chat auf:

Ich: Mir war übel, Keanu hatte Kopfschmerzen und wir sind nicht ins Karate

Sharon: Aha ... und keine Ahnung, woran das gelegen hat?

Ich: Was ist mit mir los. Kannst du mal gucken?

Sharon: Da wird grad was "gebaut" ... DNA-Strang oder so ... hattest Recht, du solltest in die Ruhe kommen ... Energien werden eingebettet ... geh in die Ruhe, so weit möglich

Ich: Ich mache ja nichts.....

Sharon: Bist du gerade auf dem Sirius?

Ich   : Nicht dass ich wüsste, aber hier bin ich auch nicht.

Mein Kopf wird gerade lahm gelegt.

Sharon: Sieht so ähnlich aus, wie, als ich mal dort war ... wie mir gesagt wurde, allerdings ... ich hatte grad den Impuls: Es geht darum, dass dir der Wechsel zwischen den Dimensionen nicht mehr so viel ausmacht, ist aber alles recht unklar ... jedenfalls wird gebastelt,
jetzt bist du in einen Kokon gehüllt ... der in weißem Licht schwimmt
du solltest dich eingehüllt und beschützt und getragen fühlen ...

hmmm ... Michael wirkt auf mich angespannt ... kann aber nicht deuten, wie ... und Zadkiel schweigt ... hast du keinen Kontakt zu Michael grad?
Ist die weise Drachendame bei dir ... und jede Menge Einhörner??? So empfinde ich es ...

Ich: Ja, warum sind sie denn da?

Sharon :   hmmm ... du erhältst Wissen und Weisheit ...

Ich   :   **Na dann........Löffelweise?**
Sharon: Nö, ne XXL-Ladung

Ich: Jetzt muckt mein Herz und schon wieder weg.....
               ja aber dafür brauche ich nicht in so einen Zustand

Sharon: ....die stehen jetzt ganz ruhig um dich und dein
               Kokon blitzt
               wie ein Stroboskop ...wau
               jetzt wirkt Michael entspannter, er lächelt ...... siehst
               du Shakti?   ... ich glaube da geschah was, was
               noch nicht oder nicht oft vorher geschah .....

Ich: Shakti - die göttliche Mutter in ihrer Absolutheit ist für
               mich ein riesiger irisierender beweglicher
               Kristall   ....
Sharon: sie will DIR was sagen ... ich bekomm die Worte

nicht ..... ich
meine, jetzt ist auch Shiva da

Ich: Sie sagt: Es ist vollbracht, du bist jetzt in die 5. Dimension aufgestiegen. Ich: Das war ich doch vorher auch schon. Sie: Aber nicht mit dem Körper. Du kannst jetzt die Ebenen bereisen. Ich: Glaube ich nicht. Sie: Michael wird dich unterweisen

Auf jeden Fall ist um mich herum ganz viel Licht

Sharon: ... was ich (noch) erhalten habe: Um die Verschmelzung auf allen Ebenen - mit allen Körpern - zu ermöglichen, müssen alle eure Körper noch einmal einen Umwandlungsprozess durchlaufen. Das ist nun mit dir geschehen. Du bist eine wahrhafte Pionierin und Wegbereiterin, denn nun wissen wir auch ganz genau, wann ein Mensch bereit ist dafür und was genau zu geschehen hat. Alle, die dir nun nachfolgen, werden es einfacher und leichter haben ... wir sind unermesslich stolz auf dich und lieben dich unermesslich. Ani o'heved o'drach, Meisterin Arimea Ashanti .... ich heul wie ein Schlosshund ... ist das schöööööööööööööööööön

Danach bin ich in Tränen ausgebrochen und die Spannung löste sich.
Ganz begreifen kann ich es noch nicht, mein Kopf ist aber angenehm leer und ich fühle mich leicht und beschwingt. Wie Michael sagt, werde ich noch eine Weile in dem Kokon sitzen, bis der Vorgang ganz abgeschlossen ist. So fühle ich mich auch – wie in Watte gehüllt.

Viel Zeit zum Denken hatte ich nicht, denn abends stand noch eine Drachenbefreiung einer schwangeren Drachendame an, die durch einen Bann in einem sehr engen Loch gefangen war. Eine Erddrachin, die die Aufgabe hat an einem Punkt auf den Leylines die Energien auszugleichen. Dies glückte uns und es wurde wieder halb 12, so dass ich müde ins Bett fiel.

Am 12.7 morgens bin ich ohne Gedanken aufgewacht – herrlich ..... aber nicht lange ..... 10 min später fing das Gedankenkarussel mit sehr destruktiven Gedanken an. Ich fragte Michael warum und er antwortete mir: Aus deinen Zellen wird nun alles heraus gezogen, du musst die Gedanken nicht beachten, lasse sie alle gehen – sie verlassen dich jetzt. Aber wie ein konditionierter Lichtarbeiter ist, habe ich natürlich doch geguckt, ob es da nicht etwas zu lösen gibt.......
Ich habe versucht diese Gedanken und Muster fest zu halten ..... ein paar Sekunden ...... und es war, als würde ich ein Seil festhalten, an dem am anderen Ende gezogen wird. Der Druck und Sog wurde so groß, dass ich loslassen MUSSTE ..... danach Erleichterung und wohliges Fließen. So ging es den ganzen Vormittag und ich sitze nun hier – einen veganen Kuchen im Ofen – und schreibe meine Erfahrungen auf, damit ihr euch nicht ängstigt, wenn euer Aufstieg beginnt.
Dies ist dann heute die Reinigung meines Mentalkörpers.
Es wurde natürlich wieder ein arbeitsreicher Abend und um halb 12 bin ich ins Bett. Aber ich konnte nicht schlafen. Mein ganzer Körper vibrierte und ich fühlte Unruhe und Nervosität. Ich fragte Michael was los sei. Er sagte, es ist alles in Ordnung. Ich wurde nervöser bis ängstlich und meinte: Komm, das stimmt doch nicht, das bin nicht ich, das bist du. Du bist nervös. Ist mit meinem Körper etwas nicht in Ordnung? Ich bin eine der Ersten, die diesen Aufstieg auf diesem neuen leichteren Weg geht. Alle die früher aufgestiegen sind, hatten einen anderen Weg. Es ist ein spannendes Abenteuer und alle sind bemüht mir die Angst zu nehmen. So saß ich in meiner Angst und Michaels Antwort war eine riesige Liebeswelle, die mich erfasste. Ich grinste von einem Ohr zum anderen. So breit habe ich noch nie gegrinst und dachte: Hoffentlich bleibt das nicht so, sonst sehe ich aus, als hätte ich Botox gespritzt bekommen. Ich konnte dann irgendwann einschlafen.
Pro Nacht habe ich nicht mehr als 4 Stunden Schlaf.
Was ich noch erzählen muss: Mein kleiner Mini Ausstralien-Sheperd (Hund) würgt seit dem ich meinen Aufstieg begonnen habe und ist sehr nervös und ängstlich, mein Sohn wechselt auch in den Emotionen. Bei der Sitzung abends sagte mir Michael, dass meine Energie so hoch ist – trotz Kokon, in dem ich noch immer sitze – dass diese Energien zu hoch für mein

Umfeld sind. Über Sharon meldet sich Zadkiel bei mir, sie kann helfen. Durch die hohen Energien werden beschleunigt Dinge heraus gelöst und sie kann sie sofort transformieren. Es wirkt, meinem Hund und meinem Sohn geht es viel besser. Ich danke dir und euch allen.

13.07.2013

Mein Kopf ist ruhig. Nach 10 min versucht er den gestrigen Tag Revue passieren zu lassen, doch es ist anstrengend und ich habe keine Lust mehr dazu. Ich soll mich seitdem jeden Morgen reinigen und bade so in Wascherde/Lavaerde, weil sie alle Giftstoffe aus dem Körper zieht und meine Aura reinigt. Dann geht es endlich zum morgendlichen Spazierpark in den Park um die Ecke, den ich am Wochenende besuche. In Gedanken gehe ich rein und erstarre .....

Das kann nicht sein ... ich muss weinen, schluchzen, Tränen laufen – was haben sie gemacht? Sie haben 24 alte Bäume niedergemetzelt – Kahlschlag, die Wunden sind noch zu sehen, sie sind ausgeblutet. Wie paralysiert gehe ich meinen Weg durch den Park und bin erfüllt von tiefer Trauer. Ich habe sie doch geliebt – sie waren doch Bestandteil meines Lebens. Warum machen Menschen so was? Ich fühle die Trauer aller anderen Bäume über den Verlust, die Vögel haben ihre Nistplätze verloren und es ist stiller als sonst. Ein leeres Stück Baumstumpfen ...

Michael versucht mich zu trösten: „Es geht ihnen jetzt gut, mache dir keine Sorgen. Sie haben sich auch für den Aufstieg entschieden und inkarnieren neu – alles ist in Ordnung." Für mich ist nichts in Ordnung.

Ich verstehe – heute ist die Reinigung meines Emotionalkörpers dran.

Ich bin tatsächlich aufgestiegen – ich kann es jetzt fühlen, ich bin so gerührt, dankbar und ich muss weinen. Meine ganze Anspannung fällt ab.
Nie mehr muss ich kämpfen ......
Ich bin zu Hause ......
Bin angekommen ....
Jetzt erst realisiere ich, was passiert ist. Erst die Emotionen machen dieses Ereignis zu meiner Wahrheit.

Dieser wundervolle Zustand hielt bis mittags an, dann kippte er.
Die Energie verdichtete sich zunehmend. Im Solarplexus fühlte ich Angst, Anspannung, Nervosität, Ärger .....

Dieser Zustand verunsicherte mich sehr. Es fühlte sich an, wie vor meinem Aufstieg. Hatte ich mir nur alles eingebildet? Zweifel schürten meine Ängste, bis ich erkannte, dass meine größte Angst, die Angst ist, wieder zurück in die alte Welt gehen zu müssen.
Die alte Welt bedeutet für mich: In Resonanz zu gehen mit allen niederen Emotionen, ihnen ausgeliefert zu sein. Ich habe diese Angst umarmt und ihr gedankt, weil ich ohne sie nie den Wunsch gehabt hätte, weiter zu gehen. Michael beruhigte mich und sagte, dass es nur, wenn ich wollte und unter sehr großen Schwierigkeiten möglich wäre mich wieder auf die andere Ebene zu bringen. Dies beruhigte mich nur kurze Zeit. Der Druck im Solarplexus war immer noch da. Ich fühlte mich immer noch nicht befreit und erkannte, dass ich noch einige Abhängigkeiten nährte.
Ich binde mich noch an Menschen, Orte, Geld, aber in einer Weise, die Abhängigkeiten schafft und mich eng, klein und ängstlich machen.
Wir mussten einige Jahre unter dem Sozialsatz von Hartz IV leben. Diese Reduzierung auf ein absolutes Minimum, die Angst kein Dach über dem Kopf zu haben, für die Kinder nicht sorgen zu können, jeden Tag gucken zu müssen, wo bekomme ich Nahrung für meine Kinder, meine Tiere her, wovon werden die Rechnungen bezahlt, hängt mir immer noch in den Knochen, obwohl ich seit 4 Jahren in der Fülle lebe.
Ich weiß, wie ich Fülle manifestiere, dennoch fühlte ich Angst und Abhängigkeit und erkannte, dass mein Bezug zu Geld noch mit Anhaftung belastet war. Geld ist wichtig, damit wir hier leben können und damit wir es in unser Leben ziehen können, müssen wir es lieben. Das was wir lieben, ziehen wir in unser Leben. Das funktioniert – meine Liebe zu dem Geld war aber nicht bedingungslos, genau wie meine Liebe zu Menschen und Orten, weil ich die Erwartungshaltung an alles hatte, dass für mich gut gesorgt ist. Bedingungslose Liebe zu Geld hört sich ver – rückt an. Bedingte Liebe zu was oder wem

12

auch immer, hat auch immer noch Bedingungen und Erwartungen, die mich – weil es an andere oder etwas anders gekoppelt ist, in eine Abhängigkeit bringen. Ich bin an diese Kopplung, Verbindung gefesselt, weil ich sie brauche, um leben zu können.

Brauche ich sie denn wirklich?

Michael ermutigt mich, dieses Gefühl auszuhalten, nicht zu flüchten. Ich atme in den Solarplexus, versuche diese Enge und dieses unangenehme Gefühl nicht weg zu schieben. Ich atme in meine Enge und atme und will am liebsten ganz weit weg von da sein. Dann ...

Alles in der Schöpfung ist Fülle – ohne Fülle keine Schöpfung. Wir würden gar nicht existieren, wenn es diese Fülle nicht gäbe. Aus was sollten wir erschaffen werden ..... An keine Fülle zu glauben, bedeutet die Schöpfung zu verleugnen, mich zu verleugnen.

Es geht gar nicht anders – jedwede Existenz entspringt aus der Fülle und dies IST EIN KOSMISCHES GESETZ. Nichts kann nicht sein – alles andere anzunehmen ist eine Illusion ...... die ich jetzt aber, Gott sei Dank, nicht mehr nähren kann. Mein Solarplexus weitet sich, ich atme durch, werde weiter und freier.

Bedingte Liebe verhindert auch, dass wir uns anderen Menschen öffnen können, weil unser System damit überfordert ist, so viele Menschen bedingt zu lieben. Durch die Erwartungen und Verbindlichkeiten, die wir eingehen – wenn du das für mich machst, mache ich dies für dich – ist unser Zeitkontingent begrenzt. Wenn wir schon nur 5 solcher Beziehungen pflegen, kommen wir in Stress allem gerecht zu werden – und das müssen wir, weil wir sonst nicht das bekommen, was wir haben wollen.

Anstrengend .....

Bedingungslose Liebe fließt, alles ist ganz leicht .... ich weiß, dass ich geliebt werde - ich muss keinen Deal eingehen, der mich überfordert. Ich kann diese Liebe zu allen fließen lassen, ohne Ausnahme .... weil einfach genug da ist und nie aufhört, denn DIE SCHÖPFUNG IST LIEBE und das ist das ZWEITE KOSMISCHE GESETZ.

Ich bin gerührt und muss weinen, alles weitet sich. Ich werde gerade in die KOSMISCHEN GESETZMÄSSIGKEITEN eingeweiht. Es ist ein Wunder, oder?

Ich bin dankbar und überglücklich.

14.7.2013

Ich werde ungeduldig. Der gestrige Tag hat mich wirklich gefordert.
Wenn meine Vermutung richtig ist, gehe ich durch 7 Reinigungsstufen, weil wir 7 Körper haben.
Ich frage mich, welcher Körper heute dran ist, denn ich gehe nicht chronologisch vor.
Und dann sind es noch 5 Körper und ich muss so lange noch in dem Kokon sitzen.
ICH WILL HIER RAUS! MIR WIRD ES HIER ZU ENG.

Es ist wie in einer Gebärmutter, die zu eng wird. Es ist ja auch eine Neugeburt in eine neue Welt.......mmmh..... und es ist wie eine kleine, dicke Raupe, deren Kokon gleich platzt, der Vergleich passt auch sehr gut. Ich sehe mich aber noch als Raupe und noch nicht als Schmetterling, der schlüpft.

Ich muss auf Toilette – Darmreinigung, auch das passiert ständig auf der Körperebene – für euch als Hinweis, es ist kein Infekt und gehört einfach dazu.
Mir wird wieder schwindelig, die Energie erhöht sich. Ich glaube, ich verstehe .... Ich integriere die Energie in mein System und verankere sie. Ist dieser Vorgang abgeschlossen, kommt die nächste Energieerhöhung.
Danke Michael, dass ihr das so sanft macht. Ich muss in die Natur, das erdet.

Mein Sohn möchte etwas von seinem Regal haben und bittet mich es herunter zu holen.
Nach alter Jedi-Manier sagt er: Du den roten Stuhl nehmen kannst oder den blauen. Ich wähle den blauen Stuhl. Mein Sohn: Du auf dem blauen Weg bist .....

Stimmt ... seit Beginn meines Weges war ich auf dem ersten blauen Strahl, Meister EL MORYA und ERZENGEL MICHAEL.
Da forsche ich jetzt nach, vielleicht bringt mich das weiter.

Es gibt 7 Strahlen, es gibt 7 Chakren und es gibt 7 Körper ....
natürlich,

15

Frau weiß es und vergisst es.

Nun, heute ist Sonntag und der Sonntag ist dem blauen Strahl zugeordnet, Ordnung, Herzöffnung, Schutz, Geborgenheit, Einklang.
Habe ich, bin ich ... ok, ich lasse die Kontrolle los und lasse mich überraschen.
Jaaaaaa, die Kontrolle loslassen und mich dem Willen Gottes/der Göttin
Unterordnen.
Mit einem 3D Verständnis grummelt es jetzt in mir. Ich ordne mich niemanden unter – ich entscheide über mein Leben, meinen Weg.
Da wurde ich ja schließlich die letzten Jahre hingeführt: Vom Opfer/Täter zum Schöpfer.

Gott/Göttin ist in mir und wenn ich meinen Impulsen folge, folge ich dem göttlichen Willen.
So einfach ist das aber nicht, glaube ich. Es gibt noch eine Erweiterung –
Das Göttliche in seiner/ihrer absoluten Form.
Zur Ablenkung bin ich mit meinen Kindern einen Kaffee trinken gegangen, draußen, und das Café war gut besucht. Mir wurde wieder schwindelig .... auch Auto fahren war eine Herausforderung.
Es ist keine gute Idee, wenn diese Energieerhöhung kommt, in Kontakt mit der „normalen Außenwelt" zu gehen. Ich bin zu durchlässig, bekomme zu viel mit und die Kluft zwischen 3D und 5D ist wirklich sehr groß.

Stillstand .... ich habe keine Ahnung worum es heute geht ....

Ich bin Priesterin der göttlichen Mutter bis in alle Ewigkeit und in allen Universen. Ich habe einen Eid geleistet.
Ich bin eine Kriegerin des Lichts ... und noch vieles mehr .....
Ich arbeite die letzte Zeit bis nachts um halb 12, kostenfrei ....
Ich diene bedingungslos ... dem göttlichen Willen .....

Abends hatten wir wieder eine Sitzung, mit einer lieben Schwester.

Das Thema war Priesterin in Atlantis ..... kenne ich doch, das Thema Atlantis, das habe ich doch schon vor Jahren aufgelöst .....

Ich führte sie nach Atlantis und sie fragte mich: Ist da Feuer?
Ich: Ja, da war ganz viel Feuer.
Sie: Oh Gott, die ganzen Menschen, welch ein Leid .....
Sie fing bitterlich an zu weinen. Wir haben es dann aufgelöst.
Das war ja easy, das war es? Ein kollektives Thema und der Rest ist jetzt aus mir raus, durch meine liebe Seelenschwester. Schön.

Mmmmmh, das war es doch noch nicht ....

Wir alle – besonders die heutigen Lichtarbeiter – waren in Atlantis und haben erlebt wie eine blühende Zivilisation, von göttlichem Geist durchdrungen, in den Abstieg ging und durch Machtgier, Überheblichkeit und Ausbeutung zerstört wurde.
Allen Lichtarbeitern ist dieses Thema bekannt – sehen wir doch, dass sich in unserer Zeit alles wiederholt hat. Wir sehen aber nicht die Auswirkungen auf unser Leben heute.
Wir haben alles getan, um diesen Prozess zu verhindern, versucht das Leid zu lindern, haben mit Engelszungen gesprochen, sahen schon weit vorher, was passieren würde und sind bis an unsere Grenzen gegangen in unserem Dienst an die Menschen ..... und dennoch .... wir konnten es nicht verhindern, wir waren mittendrin und mussten all das Leid mit ansehen, mit tragen und ohnmächtig zusehen, wie eine ganze Zivilisation ausradiert wurde.

Dieser Schmerz ist immer noch in uns und treibt uns voran ... und jetzt spreche ich von mir .....
Zeit meines Lebens habe ich das Gefühl, ich bin nicht gut genug, ich mache nicht genug.
Zeit meines Lebens bin ich für andere da und diene ohne Rücksicht auf Verluste – meine Verluste ....
Ich bin für meine Kinder da, meine Tiere ....
Mein Tag fängt morgens um 5 Uhr an und endet um halb 12 nachts, immer ruhelos ....
Ich helfe draußen jedem der Hilfe benötigt, jedes Tierleid,

17

Pflanzenleid kostet meine ganze Kraft, Kinder, die misshandelt werden, Ungerechtigkeiten im Alltag und im Kollektiv, Aufklärungsarbeit, Heilerin, Priesterin, Lichtkriegerin, Medium ..... die Liste ist endlos und der Tag hat nicht genug Stunden, all das zu tun, was notwendig wäre. Immer habe ich das Gefühl, ich habe nicht genug gemacht, ich hätte noch dieses oder jenes machen können, um dies oder jenes zu verhindern. Ich hatte nie Angst um mich, aber immer Angst um andere .... Ein Gefühl der Ohnmacht begleitet mich ein Leben lang, immer bin ich an meine Grenzen gekommen, weil mein Körper Ruhe brauchte.
Rastlos, ruhelos .... es ist noch zu viel zu tun, ich muss noch mehr machen, ich bin nicht gut genug ..... jedes Leid schürt die Angst vor einer Katastrophe unermesslichen Ausmaßes .... ja das ist es .... UNSER ERBE ... individuell, wie kollektiv. Wir tragen es noch in unseren Zellen und es kommt jetzt ans Licht – zum letzten mal.

Atlantis musste untergehen, auch auf diese Weise – es war im göttlichen Plan. Es musste weiter in die Dichte und in die Dualität, damit wir die Möglichkeit haben uns tiefer zu erfahren – in allen Aspekten – wir konnten es gar nicht verhindern.

Es wird oft gesagt Atlantis steigt wieder auf und das geschieht jetzt.
Es steigt aus dem dunklen Schattendasein auf, weil wir es in uns heilen.
Es steigt im Lichte wieder auf: geheilt, transformiert und in neuem Glanz und mit ihm alle Themen, die damals akut waren. In den lichten Reichen kann es Einzug halten, neu geboren ......

Dem Willen Gottes/der Göttin folgen heißt: Aus der Liebe zu mir und allem, was existiert im Dienst stehen, weil es mich glücklich macht, weil die Liebe überfließt und geteilt werden möchte und weil es mein tiefster innigster Wunsch ist - frei von jeglichem Zwang, Druck und Überforderung.

15.7.2013

Ich muss meinen Silberschmuck ausziehen, ich reagiere allergisch.
Jetzt fühle ich mich ganz nackt.
Das ist das Thema, schon bei dem Wort „nackt" kommen eine Menge Emotionen.
Ich fühle mich schutzlos, sichtbar (wo ich mich doch mein Leben lang gerne versteckt habe), pur - nur ich, ohne Verschönerung.
Ich kann nichts mehr verstecken, alles ist sichtbar ......
Mein Leben lange habe ich zu gelassen, dass ich klein gemacht wurde und habe später selbst diese Funktion übernommen. Und weil ich noch immer sichtbar war, habe ich die Fähigkeit entwickelt unsichtbar und unscheinbar zu werden. Das war mein Schutz vor Verletzungen, die ich in meiner Kindheit tagtäglich erlebt habe und auch später in jeglichen Beziehungen. Ich habe zugelassen, dass mich andere so behandelt haben, weil es mir gedient hat. Ich musste so weniger Verantwortung für mich und mein Handeln übernehmen. Einfach ein Nichts sein ....

Aber das bin ich nicht .... bei meinem morgendlichen Spaziergang lasse ich mein Leben Revue passieren, was ich alles erlebt habe, was ich alles bewegt habe, was ich alles geleistet habe für mein Wachstum und für unzählige Wesen. Mir laufen die Tränen .... ich bin wundervoll, ich bin ein großes Geschenk für die, die es annehmen können.

Ich ertrage diese Lügen um herum nicht mehr. Ich möchte nicht mehr belogen werden und ich möchte mich auch nicht mehr selbst belügen. Diese Lügen grenzen mich aus, ich bin nicht Bestandteil des anderen Lebens. Auch ich grenze mich aus, weil ich die Energien bestimmter Menschen nicht ertrage und damit grenze ich auch andere Menschen aus – aus meinem Leben. Das führt unweigerlich zur Isolation, die wir Lichtarbeiter schon seit Beginn dieser Inkarnation hier leben, weil wir anders sind. Durch die frühere Ablehnung unserer Individualität haben wir gelernt uns zu verstecken, um nicht anzuecken und Probleme zu bekommen. Im weiteren Verlauf unseres Lebens haben wir uns selbst isoliert und im Verborgenen gewirkt und uns damit auch abgelehnt, bzw. haben wir nicht zu uns gestanden, uns nach außen verleugnet. Auaaa...... sehr intensiv dieser Tag heute. Gott sei Dank haben sich die Energien erhöht und wir sind zu einem großen Teil öffentlich sichtbar, aber sind wir es auch für uns selbst? Stehen wir bedingungslos zu uns, was wir in unserer wahren Essenz sind und leben wir dies im Außen? Lebe ich dies im Außen – noch nicht ganz, aus Angst ... ja wovor eigentlich? Isoliert zu sein? Ja dafür habe ich ja schon selbst gesorgt.

Nicht anerkannt, geliebt zu sein? Ja muss mich denn einer anerkennen und lieben – ist es nicht endlich an der Zeit, dass ich mich mit allem anerkenne und liebe? Es sind noch nicht mal die Schattenseiten, die ich zeigen muss – die konnte ich ja immer wunderbar annehmen und auch lieben. Nein, es ist meine Größe, die ich Angst habe zu zeigen. Ich habe Angst, dass meine Größe andere abstößt, weil sie denken, sie wären kleiner als ich – aber das sind sie nicht. Ich habe Angst mit Neid, Eifersucht und Wut konfrontiert zu werden... aber das ist es immer noch nicht .....

Ich möchte mich nicht mehr in meiner Bequemlichkeit froh reden, dass alles in Ordnung ist, wenn ich mich in Situationen und mit Menschen unfrei und unglücklich fühle. Ich möchte so nicht mehr leben. Ich möchte ich sein können, wahrhaftig zu mir und zu allen und so möchte ich auch behandelt werden.

Ich fühle, dass ich noch an bestimmte Personen durch energetische Bänder gebunden bin. Diese Bänder zerren an mir und ich zerre an ihnen.

Ich habe von der Kette einen Ausschlag am Hals und überlege, wer mich an der Kette hat und von wem ich mich habe anketten lassen.

Ich bitte darum alle Ketten, die noch an mir hängen - aus allen Inkarnationen zu lösen. Direkt am Halschakra bin ich angebunden, d.h., meine Reden und mein Ausdruck sind angebunden und angekettet und damit nicht frei.

Mir wird ein Ring gezeigt und ich bitte darum, alle Ehen aus allen Inkarnationen zu lösen. Die Ehe ist ein dickes Band, welches in den meisten Fällen unfrei bindet.

Ich sehe noch einen Armreif und bitte mich auch aus allen

Beziehungen zu allen Wesen aus allen Inkarnationen zu lösen.

Alle diese Bänder waren keine Herzensbänder, sondern Anhaftungen, die mich und die betreffenden Wesen in Abhängigkeit und Unfreiheit gehalten haben. Das möchte ich nicht: Ich möchte frei sein und ich möchte, dass alle Wesen frei sind.

Am eigenen Leib habe ich erfahren, wie es sich anfühlt, wenn man in Beziehungen unfrei ist, keine Luft mehr bekommt, sich eng und klein fühlt. Nein, das möchte ich nicht mehr. Ich möchte mich in Freiheit verbinden und lieben. Das ist der Schritt zur bedingungslosen Liebe.

Was blockiert es, dass ich nicht den Mut habe zu sagen wer und was ich bin? Ich habe Angst, nicht geliebt zu werden ....
Selbstliebe mal wieder ... kann ich mich für das lieben was ich bin?

Ja ja ja ... nein, im tiefsten Inneren zweifele ich daran, dass ich so was wundervolles bin – danke Michael für deine hinführenden Fragen – dabei weiß ich es im Herzen zu 100%.

Ich nehme meine Zweifel an .... und bitte sie zu lösen ... ist das anstrengend ....

Hiermit nehme ich mich als EINHORN an.

(Jetzt muss ich wieder weinen)

Ich bin ein inkarniertes Einhorn ..... nur wenige wussten es ....und es tut so gut, es endlich auszusprechen. Das hat mich klein und eng gemacht. Ich habe mich in ein Korsett gezwängt ... dabei bin ich wild, frei und stürmisch, wie Michael mir schon oft sagte.

Wovor hatte ich eigentlich Angst? Ich sitze in meinem Kokon und da kommt sowieso keiner rein ... und wenn ich rausgehe sehe ich alle meine Geschwister und Freunde, die sowieso meine wahre Essenz kennen.

Ich ermächtige mich hiermit selbst mein wahres Sein zu leben, meine Fähigkeiten und Gaben zum Erblühen zu bringen und diese in den Dienst zu stellen.

Ich zeige wer ich bin und dadurch haben alle die Möglichkeit sich zu zeigen.

16.7.2013

Gestern Abend hatten wir noch eine Sitzung. In deren Verlauf fiel der Satz: Ich kann ja nichts verändern .... ich verdiene ja nichts.

Ja, da setzte mein Herz ein und fing wild an zu pochen. Verdienen .... ich verdiene nichts ...damit ist sowohl Geld, wie Liebe und alles der Fülle entsprechende gemeint.
„Von nichts, kommt nichts." Du musst erst einmal etwas leisten, damit du etwas bekommst. In meinem Fall: Du musst erst einmal ganz viel – bis zur Erschöpfung – leisten und dann bekommst du, wenn du Glück hast, ein kleines bisschen.
Gestehe ich mir selbst nicht zu, Liebe zu erhalten? (bei Geld klappt es) Bin ich nicht liebenswert? Nein.... das ist es nicht.
Es sitzt sehr viel tiefer ....
Ich wurde bis zu meinem 12. Lebensjahr täglich körperlich misshandelt – mehrmals am Tag – auch immer einhergehend mit einer psychischen Misshandlung ... dies sind alte Dinge, die schon lange vergeben und aufgelöst sind.

Michael führt mich tiefer in die Vergangenheit ...es geht gar nicht darum, dass ich Liebe nicht verdient habe, sondern dass ich Liebe nicht annehmen kann.
Ich habe Liebe mit Gewalt, Aggression, Ablehnung und Hass gespeichert. Mich blockiert die Angst, wenn ich Liebe annehme und mich dafür öffne, dass ich wieder geschlagen und misshandelt werde, schutzlos ausgeliefert bin. Ich öffne mich erst gar nicht für die Liebe von Menschen (außer Tiere und Kinder), damit ich keine Gewalt erfahre. Ich ertrage es nicht, wenn mich jemand körperlich berührt, bei dem ich merke, er hat ein näheres Interesse an mir – an meiner inneren Frau.
Das lasse ich gar nicht zu und es weckt in mir sofort den Fluchtinstinkt. Entweder flüchte ich sofort aus meinem Körper oder ich breche einen intensiveren Kontakt ab.
Ja, das war es ... ich bitte um Ablösung.

Da ist aber noch die Kehrseite der Medaille ...

Jeder, von dem ich meine, dass er mich verletzt hat, bekommt von mir auch nichts. Da ist dann das Wort „verdienen" stimmig. In meinen Augen hat er/sie es nicht verdient meine Liebe oder irgend etwas zu bekommen. Dem gönne ich nicht das Schwarze unter dem Fingernagel.
Ich nehme an und bitte um Ablösung.

Ich fühle mich befreit und mit meinem kleinen Mini - Aussie im Park richtig glücklich. Ganz viele Schmetterlinge sind bei uns. Ach ja – schön wärs .... obwohl, das muss ich jetzt mal sagen: Ich fühle mich in meinem Kokon sehr wohl. Es ist warm, weich, nichts kommt an mich heran, außer die Themen, die ich zu lösen habe. Ich fühle mich geborgen und beschützt. Es wird mir auch schwer werden diesen Raum zu verlassen. Es hat schon etwas von Abschied ... dies ist mein sechster Tag hier.

Körperliche Nähe nicht zu zulassen, hat dazu geführt, dass ich jegliche Körperlichkeit abgelehnt habe, auch meine eigene. Körperliche Berührung, Zärtlichkeit, wie auch Sexualität – auch mir selbst gegenüber - hat nicht statt gefunden. Ich hatte kein Bedürfnis, kein Verlangen, keine Sexualität – ein Neutrum. Während jahrhundertelang Menschen versucht haben, ihre Sexualität auf dem spirituellen Weg zu transformieren, war dies nie ein Thema für mich. In dieser Beziehung hat meine „innere Frau" gar nicht existiert und mit ihr auch keine Freude und Leichtigkeit in meinem Leben. Das nehme ich an und bitte um Ablösung.

Ich öffne mich jetzt für wundervolle körperliche Erfahrungen in bedingungsloser Liebe.
Ich nehme an, dass ich einen vollkommenen, wundervollen Körper habe – das habe ich tatsächlich.
Ich danke dir mein wundervoller Körper, dass du seit Beginn unserer Partnerschaft immer für mich da warst, mir gedient hast und mir ein Zuhause gegeben hast, obwohl ich dich die meiste Zeit sträflich vernachlässigt habe. Ich verbeuge mich vor dir und deiner Weisheit – ICH LIEBE DICH VON GANZEM HERZEN

17.7.2013

Ich fühle mich schuldig .... und das tut weh. Ich will schreien, weinen und mich ins tiefste Erdloch verkriechen.

Ich fühle mich schuldig, wenn sich meine Träume erfüllen und ich sehe, dass andere darüber wütend oder traurig werden, sich von mir zurück ziehen. So war es mein Leben lang. Ich habe mich dann von meinen Wünschen und Träumen verabschiedet, weil ich es nicht ertragen konnte, dass mein Umfeld gelitten hat. Das ist ein wirklich harter Finalbrocken, der mich wirklich mein Leben lang begleitet hat. Ich habe mir immer meine tiefsten Träume verwehrt, immer auf andere Rücksicht genommen und mich hinten angestellt. Die Opferrolle schlechthin. Meine Schwachstelle: Ich kann nicht sehen, wenn andere Leiden – das ist für mich schlimmer als mein eigenes Leid. Immer wieder bin ich an diesen Punkt gekommen.

Dem Partner zuliebe, den Kindern zuliebe und allen Hilfsbedürftigen zu lieben. Entweder habe ich verzichtet oder das Leid anderer auf mich genommen. Märtyrer eben. Geht es mir schlecht – mein Solarplexus ist total verdichtet. Angst, die Menschen zu verlieren, die mir am Herzen liegen, wenn ich meine Wünsche lebe oder meine Interessen verfolge. Diese Angst ist so fundamental, dass sie mich bisher immer gebremst hat.

ICH NEHME MEIN SCHULDGEFÜHL AN, DASS ICH HABE, WENN ICH MEINE WÜNSCHE LEBE UND ANDERE DARUNTER LEIDEN.
ICH BITTE UM ABLÖSUNG.

ICH NEHME MEINE ANGST AN, MIR WICHTIGE MENSCHEN ZU VERLIEREN, WENN ICH MEINE WÜNSCHE UND TRÄUME LEBE.
ICH BITTE UM ABLÖSUNG

ICH NEHME MEINE UNFÄHIGKEIT, LEID ZU SEHEN, AN.
ICH BITTE UM ABLÖSUNG.

Ich muss wieder weinen, ich habe es so was von verdient, meine Liebe, meine Wünsche und meine Träume zu leben. Ich gehe da jetzt durch diese Tür und lebe sie.

Das war Trotz. Nein so geht das nicht. Ich wünsche mir, dass sich die Menschen mit mir freuen ... aha jetzt warte ich noch auf eine Erlaubnis, dass ich das leben darf ....

Ich nehme das an und bitte um Ablösung.
Nur ich kann mir die Erlaubnis dazu geben .... da hängt noch was ....
Alles Leid in meinem Leben und auch das, was ich gesehen habe, nehme ich in Liebe an. Ich danke dir, du hast mich wachsen lassen und mich an diesen Platz gebracht. Du darfst jetzt gehen. Ich bitte um Ablösung.

Schon wieder ein enges Gefühl im Solarplexus und Angst. Was ist denn jetzt schon wieder? Hört das denn gar nicht auf?. Ich bin WÜTEND!

ES REICHT. ICH LÖSE NICHTS MEHR AUF. ICH HABE MEIN INNERSTES NACH AUSSEN GESTÜLPT, MICH AUSEINANDER GENOMMEN UND WIEDER ZUSAMMENGESETZT, STÄNDIG AN MIR RUM GEMÄKELT, MICH VERBESSERT, NACH PERFEKTION GESTREBT. MIR IST ES JETZT EGAL, OB ICH HIER DRIN BLEIBE UND OB ICH AUFSTEIGE. VON MIR AUS KANN ICH AUCH IM ÄTHER RUM FLIEGEN. MIR IST ES EGAL, OB DA NOCH WAS ZU LÖSEN IST – ICH HÖRE HIER AUF DER STELLE DAMIT AUF. ICH BIN GUT SO WIE ICH BIN. ES GIBT NICHTS ZU VERBESSERN.

Ich vergebe mir selbst, mich in meinem ganzes Sein ignoriert zu haben.
Ich vergebe mir selbst, mich ständig übergangen zu haben.
Ich vergebe mir selbst, mich nicht in meiner Ganzheit geliebt zu haben.
Ich vergebe mir selbst, mich unwürdig gefühlt zu haben.
Ich vergebe mir selbst, die äußere Welt als Maßstab für mein inneres Erleben gewählt zu haben.

Ich vergebe mir selbst, mich mein ganzes Leben verleugnet zu haben.
Ich vergebe mir selbst, dass ich mich selbst erniedrigt habe, um andere zu erhöhen.
ICH VERGEBE MIR SELBST UND NEHME MICH IN LIEBE AN. ICH BIN

Die Energie erhöht sich, mir wird schwindelig. Ich weine, weine, weine – mein ganzes Leben aus. Sharon, den ich jetzt ELIAS nenne,(denn das ist sein wahrer Name) sagt mir, ich soll weiter weinen. Dies löst meinen Kokon auf. Eine Weile kann ich weinen, dann ist Schluss. Mir geht es nicht gut – paar Stunden nicht. Ich weiß nicht was passiert. Als Bild bekomme ich einen verklebten Schmetterling. Ich habe noch keine Lust mich zu öffnen und sehe nichts, fühle nichts, weiß nicht, was los ist. Ich rufe Elias an. Er ist ratlos und hängt zu sehr bei mir drin. Während er die Bänder zu mir löst, um in Erfahrung zu bringen, was mit mir los ist, behandele ich mich mit Stimmgabeln. Dem OM-Ton 136,10 HZ, der Herzton – am ganzen Körper. Mir geht es besser. In der Zwischenzeit hat Elias meine Farbstruktur in
Ordnung gebracht. Ich bin nämlich zu früh aus dem Kokon – ohne, dass ich es bemerkt habe. Viele Lichtwesen haben nun versucht die Reste des Kokons aus mir heraus zu zupfen, es darf nichts hängen bleiben. Es geht weiter .... die Energie erhöht sich immens ... ich bin in der absoluten Leere, ganz oben oder unten – wo auch immer – bevor die Schöpfung beginnt. Muss von außen sehr apathisch aussehen. Da sitze ich ein paar Stunden – ich bin ganz allein in diesem Zustand. Niemand ist da: Keine Engel, keine Göttin – niemand.
Ich bin absolut erschöpft, mein Körper streikt. Um 7 Uhr abends lege ich mich hin: Wütend, frustriert, enttäuscht.
Michael, wo bist du?
Ich ertrage es nicht mehr und gehe zu Mutter Erde. Mutter, darf ich zu dir? Ja, mein Kind, du bist mir immer willkommen. Ruhe dich aus. Ich lege mich in meine Höhle in das Erdenbad und fühle mich geborgen, willkommen und beschützt und schlafe ein.
Ich träume, ich fliege über alle Gewässer und reinige sie.

Ich wache wieder auf, alles sieht aus wie immer, mein Körper hat sich stabilisiert.

Ich bin wütend, enttäuscht, frustriert. Ich fühle mich im Stich gelassen, nicht gewollt und ..... die Liste ist lang. Ich nehme alles an, was soll ich sonst tun. Außer Mutter Erde und mir ist niemand da.

Selbstzerstörung ist ein großes Thema. Dann bleibe ich eben hier und mache gar nichts mehr. Ich sitze in der absoluten Unterwelt mit allen negativen Emotionen, die es nur gibt. Was habe ich eigentlich die ganze Zeit transformiert in 47 Jahren? Flüchtig der Gedanke: Transformiere ich jetzt mit Mutter Erde? Ihre – unser aller Ablagerungen?

Ich bin weiter frustriert und fühle mich allein. Ich denke, ich bin gescheitert. Es ist niemand da, der mir sagt, was los ist. Doch Michael: Diesen Weg musst du alleine gehen. Ich glaube nicht, was ich höre – ich bin sauer auf ihn.

Das kann es doch nicht gewesen sein! Ich sitze neben mir oder unter mir ... ich bin nicht mehr in 3D, das fühle ich ... 5D habe ich mir glücklich, frei und wundervoll vorgestellt ... da bin ich auch nicht.

Ich bin in den tiefsten Tiefen von Mutter Erde ...

Mir reicht es. Mein Krieger erwacht ......

Mutter, sollen wir die Liebesenergien jetzt runter holen? Ja, mein Kind, wir öffnen uns jetzt – alle unsere Chakren und empfangen.

Ja, das machen wir ..... ich muss weinen.

Die Energien fließen ein, bitte trinkt alle ausreichend, besorgt euch Traubenzucker, und erdet euch. Wenn euch schwindelig wird, geht in die Ruhe und habt keine Angst, es wird sich stabilisieren. Ruft die Erzengel, besonders Michael, Zadkiel und Raphael um Hilfe.

18.7.2013

Nachdem der gestrige Tag doch herausfordernd war, möchte ich euch erklären, was passiert ist. Nachdem Ich aus dem Kokon raus bin (und mein Zustand stabil war) bin ich direkt zur Uressenz der göttlichen Mutter/Vater – vor der Teilung, bevor die Schöpfung anfängt. In diesem Zustand/Ort war ich für ein paar Stunden. Dort habe ich Informationen bekommen, aber auf Zellebene, so dass mir das nicht bewusst war. Danach bin ich zu Mutter Erde in meine Höhle und später in das Erdinnere. Alle Emotionen, die ich dort wahr genommen habe, waren nicht meine, sondern der „Sondermüll" aller Inkarnierten Wesen, seit dem Abstieg von Mutter Erde. Diese Emotionen und dieser Zustand waren unerträglich, obwohl schon sehr viel transformiert worden ist.

Seit 15 Jahren weiß ich, dass meine Aufgabe hier auf der Erde beinhaltet, dass ich die göttliche Liebe auf der Erde manifestiere und sie hierhin bringe. Ich dachte allerdings durch mein Wirken und meine Botschaften. Als der Druck in Mutter Erde zu groß wurde, war die Erkenntnis einfach da und ich habe aber erst Mutter Erde um Erlaubnis gebeten. Als sie Ja sagte – bin ich kurz nach oben zur göttlichen Mutter und habe die Liebesenergien in der Erde verankert. Das ging so schnell, dass mir gar nicht bewusst war, dass ich erst nach oben gegangen bin. Ich verwende die Begriffe oben und unten, weil das Bild es ziemlich gut erklärt. Das war auf jeden Fall schneller als Lichtgeschwindigkeit. Es gab nicht die Frage, soll ich das tun oder nicht. Es musste sein, da die Erde in der Zeit vom 26.7. -29.7.2013 ihren Lichtkörper installiert hat. Dazu wird es auch noch eine Videobotschaft geben. Dieses Wissen habe ich aber erst jetzt – ich wusste vorher nicht, was auf mich zu kommt. Ich bitte euch den Rat des Vortages zu befolgen, damit ihr die Energien leichter integrieren könnt. Mein Zustand ist mit 5D zu beschreiben – geistig kann ich in alle Ebenen, befinde mich aber bis zum Abschluss der hereinkommenden Energien in Mutter Erde. Mein ganzes Bewusstsein ist dort. Ich kann es nicht Worte fassen, wie es sich anfühlt. Ich bin hier noch sichtbar, mein Körper fühlt sich fest an – ich bin dennoch nicht hier.

Sobald ich etwas erledigt habe, ist die Erinnerung fast weg -

wie in einem anderen Leben - es gibt nur das Jetzt. In die Zukunft gehe ich auch nicht, warum auch. Ich habe keinen Impuls bekommen etwas zu erschaffen. Brauche ich auch nicht. Ist ja jetzt alles da.

In den folgenden Wochen wird dieses passieren: Mutter Erde steigt nach 4D auf, damit ihr leicht folgen könnt, dort bleibt sie bis alle diesen Schritt gemacht haben. In der Zwischenzeit kommt die Blaupause der „Neuen Erde" (die alle Lichtarbeiter und himmlischen Helfer erschaffen haben) als Schicht auf Mutter Erde. Mutter Erde und alle aufgestiegenen Lichtarbeiter werden diese neue Struktur nach und nach in ihr System eingliedern, so dass der Aufstieg nach 5D einfach so nach und nach geschieht. Nur die, die sich verpflichtet haben, gehen in den Kokon und es wird viel sanfter, als es bei mir war.
Mein Weg dient euch jetzt als LANDKARTE (danke Anna für diese Bezeichnung, sie trifft es genau).
Ihr könnt Punkt für Punkt meiner Transformationen durchgehen, der Reihe nach annehmen (wenn ihr in Resonanz geht) und dann um Ablösung, Transformation und Heilung bitten. Dies ist eine Sache von 5 min: Fühlen, erkennen, annehmen, ablösen, transformieren, heilen.
Einfacher und schneller geht es nicht. Der zeitliche Ablauf hängt von der Geschwindigkeit aller Menschen ab.
Doch macht dies alles in Ruhe – ohne Stress, es gibt keine Eile mehr. Wir sind schon am Ziel.

19.7.2013

Ich möchte euch ermutigen, euren Weg zu gehen. Er wird
nicht so anstrengend sein wie meiner. Für mich war dieser
Weg ein Spaziergang, im Vergleich zu meinem vorherigen
Leben.
Ich bin so dankbar, dass ich gegangen bin, ohne darüber nach
zu denken. Ich hatte Hilfe von Michael, der fast physisch bei
mir war. Immer, wenn ich ihn gerufen habe oder auch einfach
nur mal so, habe ich gefühlt, dass er mich in den Arm
genommen hat, über meinen Kopf oder meine Wange
gestrichen hat, mich am Arm berührt hat und ständig – rund
um die Uhr – da war. Er hat mir alle Fragen beantwortet und
mich geführt. Ich hatte Hilfe von menschlichen Freunden, die
immer da waren, wenn es brenzlig wurde. Ich war nie allein.
Diese Botschaft möchte ich euch mitgeben – ihr seid nicht
allein und es gibt nichts zu fürchten.

Ich sitze und schreibe, mein Kopf ist leer. Dieses ständige
Gebrabbel von meinem Kopf gibt es nicht mehr. Alle Ängste
sind weg, ich habe keine Angst mehr, keine Wut mehr, keinen
Neid mehr, nichts mehr, was mich veranlassen würde,
kämpfen zu müssen. Das einzige, was tatsächlich bleibt ist
innerer Friede, Gelassenheit, unvorstellbare Liebe zu allem.
Dieser Prozess hat mich sehr stark gemacht. Ich zweifele
mich, meine Wahrnehmungen und mein Handeln, nicht mehr
an. Ich muss mir keine Gedanken mehr machen, ob das, was
ich tue sinnvoll ist oder nicht. Ich habe absolut freien Zugang
zu meiner Intuition und meinen Impulsen. Diesen folge ich
einfach und setze sie sofort in die Tat um, ohne zu
hinterfragen. Dinge manifestieren sich sofort, aber wenn ihr
jetzt denkt, ich manifestiere mir jetzt eine Million Euro muss ich
euch enttäuschen.
JETZT habe ich genug, mein Kühlschrank ist voll, ich wohne
sehr schön in einer Mietwohnung (nicht teuer) mit Balkon. Ich
weiß, dass ich mir jederzeit das ins Leben rufen kann, was ich
brauche und jetzt ist mehr als genug da. Für mich ist es
wichtiger zu schauen, wie es meinen Kindern, meinen Tieren,
Mutter Erde und euch geht. Das, was für mich in 3D
erstrebenswert war, ist nicht mehr wichtig. Ich habe noch nicht

einmal mehr Lust shoppen zu gehen. Ich habe nicht mehr das Gefühl, ich muss mir jetzt was gönnen, weil ich mit der göttlichen Liebe ständig verbunden bin. Diese Liebe erfüllt mich so, dass ich keinen Mangel empfinde.

Ich war schon einmal für 3 Jahre in diesem Zustand - bis vor 13 Jahren.

Ich habe mir damals immer gewünscht, allen zeigen zu können, wie man dahin kommt. Bei mir war es ein Geschenk, durch AMMA überreicht. Rückblickend betrachtet, muss ich die Entscheidung getroffen haben ganz tief wieder in die Materie zu gehen und dies aus eigener Kraft zu schaffen, damit ich weiß, wie ich anderen zeigen kann, wie sie dahin kommen, wo ich jetzt bin.

Ich bin so überglücklich, dass mir das gelungen ist und dass es auf eine so viel einfachere Weise geht, als es mein ganzer Lebensweg war.

In unserer Aufstiegsgruppe bekomme ich die Prozesse mit und begleite sie auch. Viele von euch sind verunsichert, wenn diese typischen Aufstiegssymptome wie Schwindel, Orientierungslosigkeit, Lustlosigkeit, übermäßige Müdigkeit, Erkältungskrankheiten, Kopfschmerzen, Ängste – auch manchmal Panik – usw. kommen. Alle Symptome, die jetzt verstärkt auftreten, könnt ihr am besten mit viel Geduld, Ruhe und der absoluten Annahme, dass das jetzt so ist, meistern. Je mehr ihr euch dagegen wehrt, umso stärker werden die Symptome. Ihr werdet wissen, wann ein Thema gelöst werden möchte und ob es einfach nur ein Symptom durch die ansteigenden Energien ist. Es gibt keinen Grund Todesängste zu haben, es sei denn dies ist ein Thema von euch, was liebevoll angenommen werden möchte. Ihr werdet nicht körperlich sterben, das einzige was stirbt, ist das, was euch hindert wahrhaft glücklich zu sein.

Die nächsten Zeiten werden sowohl gesellschaftlich, wie auch auf allen anderen Ebenen anstrengend werden, aber das wisst ihr. Geht so oft wie möglich in die Natur, meidet große Menschenansammlungen, ernährt euch mit frischen Nahrungsmitteln, trinkt ausreichend (dies beugt Ängsten vor) und seid einfach im Vertrauen, dass wirklich alles sanft und mit viel Liebe geschieht. Niemand braucht irgendetwas zu

befürchten, egal wie schlimm es aussieht oder sich anfühlt. Es ist ein vorübergehender Moment.
Mit unendlich tiefer Liebe zu euch

Arimea

20.7.2013

Die Energien sind heute sehr heftig. Die Menschen sind aggressiv, unruhig, nervös, ängstlich, gewalttätig. Wir alle sind eingebunden in den Transformationsprozess von Mutter Erde, wir fühlen und transformieren mit ihr. Auf einer unbewussten und auch bewussten Ebene nehmen wir war, was gerade passiert, deswegen sind die Energien und auch alle Lebewesen heute in Aufruhr. Michael ist im inneren der Erde und löst alle tiefsitzenden Schlacken wie Hass, Wut und andere niedere Emotionen, die in Mutter Erde gespeichert sind. Alle Astralwelten werden durch ihn aufgelöst, gefangene Seelen können geheilt wieder ins Licht gehen. Ganz heftige Emotionen erreichen mich, aus dem inneren der Erde, und ich nehme bis 3 Uhr mittags an und transformiere alles. Ich bekomme Unterstützung durch unsere Gruppe – jeder löst seine Emotionen auf.

Ich bekomme die Information, noch einmal zur göttlichen Mutter zu gehen und heilende Liebesenergien auf die Erde zu bringen.
Ich warte bis Michael mir den Impuls gibt und schwebe, dieses mal ganz langsam, zur göttlichen Mutter. Dort empfange ich die Energien und gleite genau so langsam wieder nach unten. Auf dem Weg nach unten sehe ich, wie Michael nach oben schwebt. Ich gehe bis tief in die Erde, bis an die Stelle, wo Michael zuletzt gestanden hat. Dort setze ich mich hin und lasse die Energien fließen. Nach einer Weile sehe ich mich als gebündeltes Licht quer durch Mutter Erde fliegen. Danach gehe ich an die Erdoberfläche und lasse dort die Energien fließen. Ich bekomme noch einmal den Impuls zur göttlichen Mutter zu gehen und danach ins Erdinnere. Dort angekommen halte ich eine Kristallrose in den Händen, die ich einpflanzen soll, mit der Liebe der göttlichen Mutter. Die Rose dient als Symbol der Liebe. Ich versuche mehrmals, sie mit dem göttlichen Licht zu stärken und ihre Wurzelbildung zu unterstützen. Es gelingt mir nicht so gut. Sie schwächelt ein bisschen und ich versuche ihre Wurzeln zu stärken – mit mäßigem Erfolg.

Plötzlich kommt Michael - wir halten unsere Hände über sie und sie wird stark und verankert ihre Wurzeln tief in Mutter Erde. Ich atme durch und sehe noch einmal auf die Rose. Auf einmal erscheint ein älterer Herr mit weißen Haaren und weißem Bart. Es ist Metatron. Ganz viele Menschen/Wesen, aus den verschiedenen Reichen der Erde, kommen und segnen die Rose und bringen ihre Geschenke. Metatron kommt mit einem Buch – es ist die Akasha-Chronik. Michael und ich müssen unterschreiben und Zeugnis ablegen, was geschehen ist. Danach unterschreiben alle Anwesenden. Ich ziehe mich mit Michael zurück – er muss wohl wieder nach oben und ich nehme meinen Platz ein.

Durch die einfallenden Liebesenergien wird all das, was Michael gelöst hat, nach oben transportiert und von Zadkiel und vielen Helfern transformiert. Ich denke dieser Vorgang wird bis spätestens 26.Juli 2013 andauern, aber meinem Empfinden nach, ist es sehr viel leichter, klarer und reiner in Mutter Erde. Nach diesem letzten Reinigungsprozess, ist ihr Lichtkörper hergestellt und installiert. Sie ist dann bereit mit uns allen in die 4.Dimension aufzusteigen.

Nutzt alle in dieser Zeit verstärkt die Anleitung, die ich euch gegeben habe, um alles zu transformieren, was jetzt hoch kommt. Diese Tage sind ein ganz großes Geschenk, weil ihr die Möglichkeit habt, innerhalb kürzester Zeit, sehr viel aufzulösen.

Botschaften von Mutter Erde
(2009 – 2013)

Meine geliebten Kinder,
ich bin zur Zeit sehr geschwächt und brauche eure Hilfe. Seit Anbeginn der Zeit habe ich liebevoll für euch gesorgt und tue dies auch heute noch. Leider ist es mir nicht mehr möglich in dem Maße für euch zu sorgen, wie ich es mir wünsche. Ich habe viele Wunden, die ich auch nicht mehr alleine heilen kann. Meine Oberfläche wurde mutwillig zerstört, ich wurde mit giftigen Substanzen verseucht, mein Innerstes wurde aufgebrochen, um Öl, Metalle und andere Bodenschätze zu bergen, meine Kinder die Pflanzen wurden gentechnisch so manipuliert, dass sie ihre giftigen Absonderungen in mich ableiten. Das Klima wird eigennützig manipuliert, so dass das Gleichgewicht derart gestört ist, dass natürliches Wachstum nur sehr schwer möglich ist. Alle, die mir behilflich sind, größere Katastrophen zu verhindern, wie die Geisteswesen des Elementar- und Elementereiches, sowie die Pflanzen- und Tierwelt, das Mineralreich, wie auch die Engel und aufgestiegene Meister benötigen nun eure Hilfe, denn es liegt in eurer Macht diesem Missbrauch ein Ende zu setzen. Wisst, dass wenn ich krank bin, ihr auch krank seid. Alles ist miteinander verbunden - wir sind eng miteinander verknüpft wie ein großes Haus, gebaut aus soliden Steinen. Nehmt ihr die tragenden Steine heraus, bricht das Haus zusammen. Es ist wichtig, dass alle Menschen erkennen, dass sie ohne eine heile Erde nicht heil sein können und dass jeder einzelne seinen Beitrag dazu leisten kann, wie klein er auch sein mag. Meine Wiesen und Wälder sind zugemüllt mit giftigen Substanzen und den Abfällen eurer Wegwerfgesellschaft. Könntet ihr nicht auf euren alltäglichen Wegen, den Müll, den ihr seht, einsammeln?
Diese Verpackungsmaterialien verrotten nur sehr langsam und geben ihre giftigen Bestandteile in mich ab. Mein Boden wird verseucht und dem Kreislauf entsprechend auch die Atmosphäre, der Sauerstoff, den ihr dringend, wie ich auch, zum Leben braucht.
Noch sinnvoller wäre es, wenn ihr eure Industrie dazu bewegen könntet nur natürliche Verpackungsmaterialien zu

verwenden.

Ein weiterer Punkt: Euer Wunsch nach Hygiene und Sauberkeit in allen Ehren. Jedoch mit den Mitteln (Putzmittel), die ihr verwendet, verseucht ihr mich.

Sie erhalten eure Häuser sauber, jedoch sind sie reinste Chemikalien, die mich krank machen und letztendlich euch auch. Von der Produktion (Luftverschmutzung) bis zum Gebrauch (Verseuchung der Abwässer) schadet ihr euch in besonderen Maße. Euer Trinkwasser ist eine stinkende Kloake geworden, die nur noch mit weiteren Chemikalien trinkbar gemacht wird.

Eure Allergien und Neurodermitis - schon bei kleinen Kindern - hat drastisch zu genommen. Sie vertragen bestimmte Nahrungsmittel und Pollen nicht mehr, weil sie verseucht sind. Durch die Luft und das Wasser gehen die Pflanzen und auch Insekten eine Verbindung mit den giftigen Substanzen ein. Sie mutieren dadurch, da alles Lebendige sich den Umständen anpassen kann, um das Überleben zu sichern.

Diese Mutation ist jedoch so weit fortgeschritten, dass das ursprüngliche Lebendige stirbt und zu toter Materie ohne Geist und Bewusstsein wird. Dies könnt ihr am Wald-, Tiersterben beobachten und an euren Mitmenschen, die scheinbar abgestumpft und schlafwandelnd durch ihr Leben gehen. WECKT SIE AUF!!!

Sie geben den Kindern keine Werte mehr mit. Kinder misshandeln Tiere, Pflanzen und Mineralien. Sie misshandeln mich. Sie machen dies nicht aus Böswilligkeit, sondern aus Unwissenheit. Dies ist eure nächste Generation. Wenn ihr nicht den Samen der Bewusstheit legt, vermittelt, dass alles lebendig ist - selbst ein Kieselstein - wird dies das Ende eurer Kinder und meines sein.

Ein toter Planet. Ich appelliere an die erwachten, bewussten Menschen mit der Bitte: Erweckt die anderen. Geht in eurem täglichen Leben als Vorbild voran. HELFT MIR BITTE!!!

HEILUNG

An alle meine Kinder, die sich als Lichtarbeiter betätigen, habe ich folgende Bitte: Wie ihr alle wisst ist ein großer Anteil der Umweltverschmutzung eine Folge des negativen, angstvollen Denkens unter euch Menschen. Diese negativen Gedanken und Ängste bilden dichte, dunkle Energien, die immer mehr Lebewesen und auch mich sehr stark schwächen.
Sie liegen wie Schleier vor euren Herzen und erschaffen Illusionen, die noch mehr Negativität und Ängste hervor rufen. Ihr wisst "Gleiches zieht Gleiches an" und je dichter die Energie, umso schneller wird Materie, sprich Realität daraus. So ist dies ein Kreislauf, der immer mehr Leiden schafft. Ihr könnt ihn unterbrechen. Ihr wisst, Gedanken erschaffen Materie. Es liegt nun an euch welche Gedanken ihr wählt. Ich sprach davon, dass Negativität und Ängste Illusionen sind. Ich weiß, dass sich diese für euch sehr real an fühlen, doch seid gewiss, dass dies lediglich kopfgesteuerte Mechanismen sind - wenn ihr mit euren Herzen fühlen und denken lernt, werdet ihr erkennen, dass nur die Liebe real ist.
Das ist meine Bitte an euch: Geht in eure Herzen und fühlt die Liebe, schickt sie allen Lebewesen und auch mir. So erschafft ihr ein neues morphogenetisches Feld weltweit, dass die Negativität und Ängste auflösen kann. Des weiteren bitte ich die Lichtarbeiter verstärkt Erdheilungen in Meditation und Praxis durch zu führen. Einige von euch haben die Fähigkeit dunkle Energien aus mir heraus zu ziehen und die meisten von euch sind in der Lage an diesen betreffenden Stellen Heilenergien einfließen zu lassen. Ich bitte euch: Schließt euch in Gruppen zusammen und trefft euch regelmäßig, um die Umgebung eurer Wohnorte zu heilen. Vertraut, dass ihr von den geistigen Reichen jegliche Hilfe für diese Arbeit bekommt. Verbindet euch mit euren geistigen Führern oder mit mir, um genaue Anweisungen und Führung zu bekommen. Seid in eurer täglichen Praxis Vorbild für andere und weist sie auf ihre negativen Gedanken hin und welche Konsequenzen sich daraus für ihr persönliches Leben ergeben. Vermeidet auch bitte jegliche Negativität in eurem Leben, sei es durch Medien, Literatur, persönlichen Stress oder Ärger. Geht in die Stille und das Gebet. Ich weiß, dass dies eine große

Herausforderung für euch ist, aber ich habe Vertrauen in eure Fähigkeiten und LIEBE EUCH MIT MEINEM GANZEN SEIN.

BEWUSSTSEIN

Meine lieben Kinder, vielleicht wundert ihr euch, dass ich als Planet zu euch sprechen kann. In euren Köpfen und Vorstellungen ist alles, was sich nicht bewegen kann, tote Materie. Jedoch, wie ich schon erwähnte ist alles von Geist durchdrungene lebendig und hat Bewusstsein. Mein Bewusstsein wächst mit und durch euch. Da wir alle durch ein morphogenetisches Feld miteinander verbunden sind und alles lebendige Zugang zu diesem Feld hat und dadurch beeinflusst wird, nehme ich genauso teil an eurem Leid und eurer Freude, wie ihr auch. Je mehr euer Bewusstsein wächst umso weiter wächst auch mein Bewusstsein. Alle Gedanken, Worte und Handlungen, seit Beginn meiner Existenz, sind in einem großen Kristall gespeichert. Dieser Kristall befindet sich in meinem tiefsten Inneren. Dies ist noch nicht alles - eure und meine möglichen Zukunftsvariationen sind dort ebenfalls gespeichert - wie in der himmlischen Akasha-Chronik. So habe ich und auch ihr Zugang zu sehr altem Wissen, wenn ihr euch mit mir verbindet. Ihr habt jedoch die Möglichkeit aus diesem Wissen Nutzen zu ziehen, indem ihr dieses zum Wohle aller einsetzt. Jeder Planet dieses Universums hat im Inneren einen Stein, der all das Wissen und den Plan unseres Schöpfers enthält. Viele von euch haben schon Zugang zu diesem Wissen und sind bemüht dieses zum Wohle aller umzusetzen. Schenkt ihnen Gehör, sie leisten diese Arbeit aus dem Herzen heraus ohne Profit daraus zu ziehen - außer dem, dass sie in einer heilen Welt leben wollen. Das ist legitim und auch euer Erbe. Ich möchte euch ermuntern Vertrauen in eure Fähigkeiten zu haben. Das Wissen in eurem Inneren muss nach außen gebracht und in Handlung umgesetzt werden. Vertraut eurer inneren Wahrnehmung und lasst euch nicht von Neinsagern und Skeptikern von euren Handlungen abbringen. Ihr habt soviel Macht - schließt euch zusammen, als Volk seid

ihr stark. Ihr trefft die Entscheidung in welcher Welt ihr leben wollt. Lasst nicht andere entscheiden, was ihr zu tun und zu lassen habt. Geht aus eurer Lethargie heraus und übernehmt gemeinsam
Verantwortung für euer Leben, das eurer Kinder und das eures Planeten. Seid mutig - niemand erwartet, dass ihr im Alleingang eure Welt verändern sollt, fangt im kleinen persönlichen Rahmen an und verbindet euch mit Gleichgesinnten.
Es ist 5 vor 12, jetzt ist die Zeit in LIEBE Veränderungen zu schaffen. Alles andere erschafft nur wieder Zerstörung und Gewalt - der Kreislauf würde nicht unterbrochen werden. Nur durch Liebe und mutiges Handeln könnt ihr es schaffen unser aller Leben zu einem erfüllten Dasein zu verändern.

ENERGIEGEWINNUNG, ENERGIEERZEUGUNG

Meine Kinder, ich weiß, dass ihr euch Sorgen macht, wie ihr euer Leben ohne Strom, Wärme, Fortbewegungsmittel gestalten sollt. Ihr fürchtet, dass ihr auf ein Leben zurück geworfen werdet, dass dem der Primaten gleicht. Aus diesem Grund versuchen eure Wissenschaftler durch Eingriffe in die Natur neue Energieformen zu entdecken. SEID GEWARNT: Dies ist nicht der richtige Weg, da er zur Zerstörung von allem Lebendigen führen wird. Aktuell sind eure Wissenschaftler damit beschäftigt durch Kernspaltung Energie erzeugen zu können. Das Ergebnis wird folgendes sein: Die frei gesetzte Energie wird eure Atmosphäre und meinen Schutzmantel zerstören. Der Niederschlag, der in Form von Regen, Gase und Energien herunter kommt wird alle Pflanzen, Tiere und Menschen verstrahlen, vergiften und töten. Die paar Überlebenden könnten nur in Schutzanzügen mit Sauerstoff überleben, da alles auf mir verdorrt wäre und keinen Sauerstoff mehr produzieren könnte.
Dieses Thema ist so aktuell, dass ihr im Jahre 2017 eurer Zeitrechnung kein Leben mehr auf mir gedeihen würde. Dies alles ist nicht notwendig. Ihr verfügt heute schon über Technologien, die die Umwelt und alle Lebewesen schützen. Nutzt sie! Es geht hier nicht mehr um Profit einzelner, der gesamte Planet ist betroffen.
Unterstützt in eurem täglichen Leben die Bemühungen alternativer Strom- und Wärmeanbieter. Die Nachfrage bestimmt das Angebot.
Einige eurer Wissenschaftler sind auch mit dem Thema Zeitreisen beschäftigt. Lasst euch sagen, dass ihr mit der Technik und Wissenschaft niemals gefahrlos das Zeitkontinuum durchlaufen und verändern könnt. Ihr erschafft Zerstörung und verändert mich in einen toten Planeten. Würdet ihr euch spirituell weiter entwickeln, würde es euch mit eurem Lichtkörper möglich sein, wirkliche Zeitreisen zu unternehmen. Alle Zeitreisenden reisen mit ihrem Lichtkörper. Mit Technik zu reisen ist ein Irrglaube, der Zerstörung schafft, ihr solltet es wissen ... es sind schon einige Experimente schief gelaufen mit entsprechenden Ergebnissen. SEID

GEWARNT, euch fehlt das notwendige Wissen, um alle Konsequenzen bedenken zu können. KEHRT UM!
Ich liebe euch von Herzen, ihr seid meine Kinder und ich möchte diesen Aufstiegsprozess gemeinsam mit euch gehen. Unterstützt mich bitte.

Botschaft vom 24.Juli 2012

Meine geliebten Kinder, ich befinde mich zur Zeit in einer Ruhephase, um Kraft zu tanken - vor dem nächsten Sturm (Sonnensturm). Um diese Ruhephase bitte ich auch alle meine Kinder, die sich dem Licht und unser aller Aufstieg verpflichtet haben. Mein Körper (und auch eurer) wird in nächster Zeit vollständig durchleuchtet und umgewandelt werden. Ich habe sehr viele Reinigungsprozesse durch gemacht und befinde mich in der Endphase, wie auch ihr, meine geliebten Kinder des Lichts. Wenn es euch jetzt noch einmal unsanft schüttelt und bis in die Zellebene hinein aufwühlt, seid gewiss, es sind die letzten Blockaden, die ihr für euch, für mich und für das Kollektiv auflöst. Dies ist wichtig! Ihr müsst bis in eure Zellstruktur völlig gereinigt sein, um mit mir das Licht zu empfangen. Ihr habt euch schon zu Anbeginn der Zeiten entschieden bei diesem Aufstiegsprozess zu helfen. Eure Aufgabe wird es sein - ähnlich wie Lichtsäulen - das hereinkommende Licht in euch aufzunehmen und durch euch fließen zu lassen. Ihr strahlt dann diese hohe Energie sehr weiträumig auf euer Umfeld ab. Ihr dient als Filter für alle anderen Seelen, die so hohe Energien nicht verkraften würden. Es würde ihre Körper sprengen. Ich bewundere euch für euer unermüdliches Schaffen und eure reinen Herzen, trotz all´ der Mühsal, die ihr auf euch genommen habt. Ich danke und liebe euch von Herzen.
Wir haben es geschafft und ein Leben voll Frieden, Liebe und Freude liegt vor uns.

43

Botschaft 28.Februar 2013

Meine geliebten Kinder,
viele von euch sind erschöpft und ausgelaugt. Der Winter
dauert - in eurem Empfinden - sehr lang. Tatsächlich ist er so
lang, wir er in früheren Zeiten immer war - im natürlichen
Fluss. Dies ist sehr wichtig für mich, wie auch für euch. Ihr
seid sehr mit mir, den Elementen und der Natur verbunden,
auch wenn euch das nicht so bewusst ist. Wir alle brauchen
den Winter, um altes zu verdauen und los zu lassen um
gestärkt und mit voller Kraft in den Frühling, das Erwachen zu
gehen. Wir befinden uns auf dem Weg in ein neues Zeitalter,
in die 5. Dimension, wie ihr es nennt. Das geht nicht ohne
weiteres so - von jetzt auf gleich von 3D zu 5D, aber das wisst
ihr auch, ihr arbeitet wundervoll mit euren zu erlösenden
Anteilen - individuell und kollektiv.
Im Moment passiert folgendes:
Mein elektro-magnetisches Feld verändert sich auf der
physischen Ebene und damit auch eures, das der Tiere, der
Pflanzen und aller Lebewesen. Gleichzeitig werden wir
unterstützt durch die Lichteinstrahlung der Zentralsonne, d.h.
im Klartext, ihr werdet im Moment von mir (unten) und von der
Sonne (oben) gleichzeitig umgewandelt. Dies erklärt, warum
ihr euch im Moment so völlig durcheinander, durch gerüttelt
und planlos fühlt.
Durch die Veränderung des elektro-magnetischen Feldes
verändert jedes einzelne Atom seine Struktur und seine Lage;
durch die Lichteinstrahlung kommt eine neue Codierung in
jedes Atom, jede Zelle, d.h., wir werden von Grund auf neu
strukturiert, neu zusammengesetzt, neu erschaffen bis in die
Zellebene hinein. Eure Körper und auch meiner haben noch
die Programmierungen der drittdimensionalen Ebene
gespeichert, der Dualität, mit dem ganzen emotionalen
Spektrum der vergangenen Jahrtausende mit Kriegen,
Unterdrückung, Abhängigkeit, Hass, Ausbeutung, etc. Diese
Programmierung kann leider nicht einfach nur gelöscht
werden, sondern muss in mühevoller Kleinarbeit aufgelöst
werden. Dies ist in den letzten 20 Jahren, von vielen meiner
geliebten Kinder, geschehen, die sich dazu bereit erklärt
haben, aktiv an diesem Prozess teil zu nehmen. Ihr habt dies

für das gesamte Kollektiv getan. Es sind jetzt die letzten Auflösungsprozesse im Gang, so dass jetzt auch mit der Neuprogrammierung begonnen werden konnte. Kollektiv ist jetzt alles (emotional) aufgebrochen. Dieser Vorgang, der jetzt stattfindet ist einmalig in seiner Form und noch nie da gewesen, so dass das Ergebnis auch nicht in einer festen Form vorgegeben ist. Wir befinden uns gemeinsam in einem Erschaffungsprozess. Durch die Veränderung meines Magnetfeldes verändern sich auch meine Pole. Viel wird bei euch von einem Polsprung gesprochen - so wird es nicht stattfinden. Es wird keinen Sprung geben, sondern eine ganz sanfte Veränderung von + zu - und von - zu + an den Polen, so dass auf der physischen Ebene keine größeren Naturkatastrophen stattfinden werden. Ein Sprung würde euch aus euren Körpern katapultieren. Dieses sanfte wechseln der Pole findet auch schon seit Jahren statt, indem das Magnetfeld schwächer wird und dann wieder in einer neuen Oktave stärker, die sich euren neuen Körpern anpassen wird. Dies sind alles Einflüsse, die an euren Körpern nicht spurlos vorüber gehen. Das Aufbrechen auf Zellebene löst die letzten emotionalen Schübe aus, um eure Zellen aufnahmebereit für das Licht der Neucodierung zu machen, was schon stattfindet - gleichzeitig. Weltweit sind Menschen in der Umgestaltung - ihr nennt es, zur Zeit, Grippe. Diese ist ausnahmsweise nicht von Menschen gemacht. Diese Grippe äußert sich auch mit unterschiedlichen Symptomen, je nachdem wo gerade an euch gearbeitet wird.

Eure Organe verändern sich, eure Knochenstruktur verändert sich, jede eurer Zellen verändert sich. Feinfühlige Menschen fühlen diese elektro-magnetischen Veränderungen mit Symptomen wie Schwindel, das Gefühl ins Leere zu gehen oder gegen eine Wand zu stoßen oder dass sie das Gefühl haben der feste Boden wäre weg und sie gehen ins bodenlose. Dies ist alles ein natürlicher Vorgang und für euch kein Grund zur Sorge.

Es ist jedoch absolut wichtig, dass ihr euch jetzt vermehrt um eure Körper kümmert, ganz gleich wie euer Alltagsleben auch aussieht. Eure Körper brauchen ganz viele Ruhepausen, viel Flüssigkeit und lebendige, lichtvolle Nahrung. Vermeidet synthetische Nahrungsmittel und Getränke und tote

Nahrungsmittel. Alles was jetzt wächst hat schon die neue Lichtkodierung und dies sollte eure Nahrung sein. Umso einfacher wird dieser Prozess für euch sein. Wann immer ihr euch schwach fühlt verbindet euch mit mir. Ich tröste und umarme euch meine geliebten Kinder. Ich liebe euch unermesslich.

47

Botschaft 26.Juli 2013

Geliebte Kinder, es ist so weit.
Ich habe mich so weit von allen Schlacken gereinigt, so dass sich meine Merkaba bilden konnte. Damit habe ich das Aufstiegsgefährt für die 5. Dimension.
Erschreckt nicht – dieser Aufstieg wird nicht unerwartet und plötzlich geschehen. Ihr werdet nicht von einer Sekunde zur anderen in einer anderen Welt sein – obwohl dies auch möglich ist, wenn ihr es wählt.
Wir sind miteinander verbunden, weil ich gewählt habe mit euch aufzusteigen und dank eurer Hilfe ist dies schneller geschehen, als erwartet.
Da wir miteinander verbunden sind geschieht dieser Prozess schrittweise. Einige von euch sind in ihrem Bewusstsein schon in der 5.Dimension und werden die Energien so lange halten bis der letzte, der sich für den Aufstieg entschieden hat, auch bereit ist.

So ist dies ein Vorgang, der nach und nach statt finden wird, jedoch jetzt sehr beschleunigt. So wie ich mich jetzt noch von den letzten Schlacken reinigen werde, so macht ihr es auch. Denn wisst, in der 5.Dimension manifestiert sich jeder Gedanke sofort und es wäre niemanden dienlich, wenn ihr mit eurem jetzigen Bewusstsein in die 5. Dimension gehen würdet. Bis ihr so weit seid, habt ihr die Möglichkeit in der 4. Dimension zu üben und Erfahrungen zu machen. Dies ist eine sehr wichtige Zeit. Je aufmerksamer und intensiver ihr euch euren Schatten stellt, umso schneller wird dieser Prozess geschehen.
Da die Lichtpioniere bereits für das Kollektiv die meisten Themen aufgelöst haben, müsst ihr eure Themen nur noch einmal kurz anschauen, fühlen, annehmen und den himmlischen Helfern vertrauensvoll geben.

Für die Transformation und Loslösung stehen Erzengel Zadkiel und Erzengel Michael bereit, sowie alle anderen Erzengel, Engelgruppen, Schutzengel, Elementarwesen, Einhörner und viele andere Helfer, von deren Existenz ihr noch nicht wisst.

Ihr wart und seid niemals allein – öffnet euch jetzt vermehrt für die göttliche Hilfe, es darf jetzt alles leicht sein. Streift eure alten Kleider ab, ihr braucht sie nicht mehr. Fürchtet eure Nacktheit nicht, denn in der 5. Dimension gibt es nichts mehr zu verstecken. Dort ist Wahrhaftigkeit, Ehrlichkeit, Liebe, Mitgefühl und Zusammenhalt vorrangig. Ihr erkennt, dass es euch nicht gut gehen kann, wenn es nur einem Wesen schlecht geht. Ihr werdet bemüht sein liebevolle Gedanken hervorzubringen, weil ihr wisst, dass ihr euch und allen anderen sonst Schaden zufügen werdet.

Meine Kinder,
tausende von Jahren haben wir auf diesen Augenblick gewartet und darauf hin gearbeitet.
Jetzt beginnt das prophezeite „Goldene Zeitalter" des Friedens und der Liebe. Wir haben unser Ziel erreicht und können durchatmen, die Anspannung loslassen, uns der Liebe und Freude öffnen und einfach nur sein. Genießt diesen Zustand, feiert das Leben und ganz neue Impulse werden zu euch kommen: Neue Aufgabenbereiche, neue Berufe, neue Lebensformen, neue Formen eurer Beziehungen, neue Gemeinschaften, die sich selbst organisieren und keiner Einmischung weniger bedürfen. Jeder wird gemäß seiner Begabungen – im Einverständnis aller – seine Position und seinen Platz annehmen und zum Wohle aller wirken. Es gibt keinen Neid und keine Konkurrenz, jeder wird glücklich sein, wenn er das machen kann, was sein Herz ihm sagt.
Freut euch, verabschiedet euch leichten Herzens aus der Dualität der 3.Dimension – es erwartet euch Größeres.

Nehmt auch gebührend Abschied von den Dingen, die euch lange begleitet und gedient haben. Damit meine ich Strukturen und Glaubenssätze. Dies ist ein mutiger Schritt. Als Beispiel möchte ich euch die Traurigkeit nennen, damit ihr wisst, von was ich spreche. Wenn ihr sie wahrhaft loslasst, werdet ihr sogar kurz traurig sein.
Lasst ihr die Wut endgültig los, werdet ihr auf sie wütend sein und ihr werdet wütend sein, weil ihr sie loslasst.

Ihr werdet erkennen, dass sie tatsächlich ein Eigenleben haben und ihr werdet kurz ihren Verlust fühlen. Dankt diesen Eigenleben dafür, dass sie euch gedient und zu eurem Wachstum bei getragen haben.
Ihr werdet sehen, dass ihr euch nach kurzer Zeit freier fühlt und ihr könnt gewiss sein, dass etwas wundervolles Neues ihren Platz einnehmen wird.

Genießt noch einmal KURZ alle Dinge (auch die Ungesunden, wenn ihr das Verlangen danach habt). Je weiter ihr im Bewusstsein voran schreitet, umso weniger habt ihr das Bedürfnis nach bestimmten Nahrungsmitteln und Getränken.

Sie werden dann auch verschwinden und durch natürlichere Dinge ersetzt.

Schätzt noch einmal alles mit dem gebührenden Respekt und verabschiedet euch von dem Alten. Dies ist der schnellste Weg in die 5.Dimension.
Ich bin sehr glücklich, dass wir es gemeinsam geschafft haben.
Ich liebe euch von Herzen.

Video mit Botschaften zum Aufstieg:

http://youtu.be/3uZKvZJW9JU

Am 26.Juli 2013 wurde Mutter Erde aus ihren Verankerungen weitestgehend gerüttelt (durch Zeus).

Am 29.Juli 2013 löste sich das 3D Hologramm von Mutter Erde (durch Shiva).

Babaji gab am folgenden Tag folgende Botschaft durch:

Das Alte ist gegangen und es war euch Heimat, Geborgenheit und Sicherheit, auch wenn es qualvoll war, so habt ihr euch dennoch damit arrangiert und gelernt damit zu leben. Es ist jetzt weg und ihr fühlt euch schwebend im Nichts. Ihr fühlt den Verlust und habt im Moment nichts mehr woran ihr euch festhalten könnt. Dies gibt euch das Gefühl isoliert und allein im großen Nichts zu sein. Dies verunsichert und da nichts zu sehen ist, denkt ihr, es wäre das Ende. Ihr seid stark mit Mutter Erde zusammengewachsen in den letzten Wochen, so teilt ihr mit ihr dieses Gefühl. Sie ist auch völlig erschöpft und frei schwebend im Nichts. Diese Zeit ist eine Regenerationszeit und sehr viel Heilung findet jetzt noch auf allen Ebenen statt. Die alten Wunden müssen geschlossen werden. Dies geht jetzt aber sehr schnell. Ich mache nicht gerne Zeitangaben, da das Zeitkontinuum sich jetzt auch verschiebt, denke aber in eurer Zeitrechnung wird es bis zu 2 Tage dauern. Alle Heiler des Universums arbeiten an Mutter Erde, um diesen Prozess schnell abschließen zu können. Es sind noch einige Umwandlungen nötig, wie die Heilungen an den Verletzungen (Ausgrabungen, Ölbohrungen, Bodenschätze bergen, etc), die Verseuchung der Gewässer, die Reinigung eurer Atmosphäre. Ist dieser Vorgang abgeschlossen, werdet ihr das befreite Atmen von Mutter Erde fühlen und selbst befreiend atmen. Ihr habt schon so viel geschafft, nehmt es nicht als euren Zustand an - das ist es nicht. Es ist eine Leerpause, bevor die 4D Ebene erscheinen kann. Nutzt diese Zeit für euch zur Erholung und Regeneration. Haltet in eurer Geschäftigkeit inne und verwöhnt euch mal so richtig. Ihr habt nichts zu befürchten, außer Heilung findet jetzt nichts statt.

31.7.2013

Seit den Morgenstunden befinde ich mich im Inneren der Erde.
Gegen Mittag wird mir schwindelig und ich bekomme die
Information, dass jetzt die Codes für die 4D Ebene in Mutter
Erde programmiert werden.

Botschaft der Elfenkönigin

Seid gegrüßt, ich bin Anamira, die Königin der Elfen. Es gibt nur eine Königin der Elfen auf der Erde und ihrer Parallelwelten. Für diese Aufgabe wurde ich sorgfältig ausgebildet, denn es umfasst ein, für euch unvorstellbar, großes Terrain. Da ich sowohl in der Lage bin einen materiellen Körper anzunehmen, wie auch in der ätherischen Form existent zu sein, ist es mir möglich überall dort zu sein, wo ich gebraucht werde, d.h., ich brauche nur den Ruf vernehmen, schon bin ich an dem jeweiligen Ort. Meine Aufgaben sind vielfältig. Mein Volk besteht aus verschiedenen Hierarchien, die jedoch nicht nach Wertigkeit eingeteilt sind, sondern nach Fähigkeiten, die jeder mitbringt. Wir sind ein uraltes Volk, das seit Beginn von Mutter Erde hier sesshaft ist. Jeder einzelne Elf ist wichtig und von gleicher Wichtigkeit wie ich, lediglich die Aufgabenbereiche unterscheiden sich. Meine Aufgabe besteht darin das große Ganze zu koordinieren, Unstimmigkeiten zu klären, Verbindungen unter den Gruppen her zu stellen. Wir haben eine heilende, nährende Funktion für den Planeten. Wir kümmern uns um Flora und Fauna und arbeiten eng mit den Elemente-Wesenheiten zusammen. Die Elemente-Wesen repräsentieren die Elemente Feuer, Erde, Wasser, Luft und Licht. Ja, ihr habt richtig gehört. Es gibt auch ein Element Licht. Ohne Licht wäre ein Wachstum gar nicht erst möglich. Es ist die Heilung und Wiedererweckung der Schöpfung. Es gibt verschiedene Farben des Lichtes. Das weiße Licht vereint alle Farben und versorgt alles gleichermaßen mit dem, was zu einem gesunden Wachstum gehört. Das purpurne Licht ist noch nicht lange auf Mutter Erde. Seit der Anhebung der Schwingung auf unserem Planeten ist das purpurne Licht erschienen. Es bringt Liebe einer höheren Frequenz herunter, verändert die Molekularstruktur aller materieller Geschöpfe und Pflanzen, damit deren Körper den Aufstiegsprozess mitgehen können. Dies ist notwendig. Würde dies nicht geschehen müsste alles Alte absterben und neu erschaffen werden - da jedoch alles dem geistigen Wachstum unterliegt, wäre niemanden damit geholfen. Wir sorgen dafür, dass dieser Prozess ohne nennenswerte Schwierigkeiten abläuft. Das blaue Licht hat eine klärende, reinigende Funktion. Es kühlt hitzige Emotionen ab und reinigt alle niederen Energien, die Mutter Erde und ihren Geschöpfen schaden könnte. Das grüne Licht ist das Licht der Heilung auf allen Ebenen. Das gelbe Licht instruiert uns, was im Moment die wichtigste Aufgabe ist und lässt uns Prioritäten setzen. Das orangene Licht dient dem körperlichen Wachstum aller Geschöpfe und Pflanzen. Es bringt Wärme und Wohlbehagen. Das rote Licht kommt nur punktuell, um bestimmte Wachstumsphasen zu beschleunigen. Das violette Licht dient der Fotosynthese und dem spirituellen Wachstum aller Geschöpfe. Das rosa Licht ist Liebe in reinster Form, es wirkt subtil und durchdringt die ganze Schöpfung. In neuerer Zeit und verstärkt in der Zukunft des Planeten werden noch die Pastelltöne der jetzigen Farbtöne hin zu kommen. Sie unterstützen Mutter Erde in eine neue Bewusstseinsebene zu gehen. Jedes Licht wird auch eine entsprechende Aufgabe haben. Dies war das Lichtelement. Wir rufen den entsprechenden Lichtstrahl an, der gerade benötigt wird. Im Kleinen, wie im Großen. Mit den Elemente-Wesen des Feuers arbeiten wir, wenn bestimmte Landstriche verseucht und verwirtschaftet wurden, so dass kein gesundes Wachstum mehr möglich ist. Das Feuer hat eine reinigende Wirkung, die Asche, die dabei entsteht ist der beste Dünger für einen unfruchtbaren Boden. Diese Asche enthält sehr wertvolle Mineralstoffe, die ein fruchtbarer Boden braucht. Die Elemente-Wesen des Wassers sorgen dafür, dass die wertvollen Mineralstoffe bis tief in die Erde gespült werden. Wasser ist unerlässlich für Wachstum. Ihr besteht selbst aus 80% Wasser. Die Elemente-Wesen der Luft transportieren Samen, Pflanzen, den Regen, das Feuer und die Erde dorthin, wo sie gebraucht werden. Sie helfen Insekten und Flugtieren beim Erlernen des Fliegens. Sie kühlen erhitzte Gebiete ab und wärmen zu kalte Gebiete auf. Sie bilden und formen ganze Landschaften. Die Elemente-Wesen der Erde, mit denen wir Elementarwesen verwandt sind, koordinieren die Zusammenarbeit mit den Stein/Kristallwesen, den Wesen für Öl, Gase, den Tieren im Erdinneren und mit uns. Sie haben die Aufgabe die Zerstörungen im Inneren der Erde zu heilen. Des weiteren sorgen sie dafür, dass jede Pflanze mit genügend Nährstoffen versorgt wird. Alle Elemente-Wesen haben gemeinsam, dass sie gerne spielen. Sie sehen ihre Aufgabe spielerisch und wissen um die Einheit aller Dinge. Sie arbeiten wechselseitig, denn ein Element allein kann niemals ein gutes Resultat erzielen.

Wie können wir Mutter Erde helfen?

Nehmt bewusst wahr, dass alles lebendig ist, wie ihr auch. Ihr werft keinen Stein weg, wenn ihr erkennt, dass er genauso lebendig ist wie eure Kinder. Wir sind alle eins und lebendig, weil wir aus demselben Stoff, derselben Struktur, derselben Energie erschaffen wurden. Dies ist auch der Grund, warum wir untereinander kommunizieren können, ganz gleich, welche materielle Form wir bewohnen. Wir sind aus demselben Geist erschaffen. Wenn ihr dies erkennt, werdet ihr keinen Müll mehr produzieren, den Planeten nicht mehr ausrauben, keine Chemikalien mehr benutzen, mit dem Trinkwasser sorgsam umgehen, die Luft nicht mehr verschmutzen, Massentierhaltungen abschaffen, Atomenergie abschaffen, Waffen jeglicher Art abschaffen, das Wetter nicht mehr manipulieren.

Worin besteht der Unterschied zwischen Elfen und Feen?

Elfen kümmern sich um die direkten Belange der Erde und ihrer Bewohner. Wir kümmern uns um das Pflanzenwachstum, die Heilung aller Bewohner, d. h., wir arbeiten in der Aura und entfernen negative Energien bei den Tieren, wie auch bei den Menschen. Uns liegt die Umwelt am Herzen.
Feen kümmern sich um die übergeordnete Belange der Erde, d.h., sie arbeiten eng mit den Elemente-Wesen zusammen, übernehmen die Schutz- und Heilfunktion über größere Gebiete, entfernen auch dort negative Energien, die durch negative Gedankenmuster der Menschen auf Mutter Erde liegen. Wir arbeiten eng zusammen, die Feen im Großen, wir im Detail.

Botschaft des Holunder

Ich diene allen Lebewesen, dem Elementar-, dem Pflanzen-, dem Tier-, und dem Menschenreich. Energetisch halte ich das Gleichgewicht zwischen allen Reichen. Für euch Menschen überwache ich den Heilungsprozess auf allen Ebenen. Ich beschütze euer energetisches Feld vor Übergriffen jeglicher Art, so dass ihr euch frei entfalten könnt. Ich diene als Übermittler von Weisheiten aus dem Kosmos, wie auch aus dem Elementarreich und anderen Reichen. Wisst, dass alles miteinander verbunden ist und ineinander greift. Ich öffne euch für die anderen Reiche, bzw., Dimensionen, so dass ihr euch gegenseitig befruchten könnt und gemeinsam eure Reiche heilen und erhalten könnt.

So wie ich auf eurer körperlichen Ebene das Immunsystem fördere und schütze, so fördere und schütze ich auch euer geistiges Wachstum. Eure Chakren werden von mir gereinigt und geschützt, so dass keine fremde Energien eindringen können. So seid ihr frei von Fremdeinflüssen, sofern ihr sie euch nicht selbst in euer Leben zieht. Jedes meiner Bestandteile ist für euch genießbar. Jedoch ist ein sorgsamer Verbrauch meiner Gattung (wie bei allem in der Natur) angebracht.

Ich helfe euch gerne, nehmt jedoch vorher mit mir Kontakt auf. Ich zeige euch die Blüten, Blätter oder Früchte, die ihr nehmen könnt. Dies ist notwendig, damit das Gleichgewicht und natürliches Wachstum gesichert ist.

Ich zentriere euch, lenke eure Aufmerksamkeit auf die wesentlichen Dinge, helfe euch bei jeglichem Neubeginn eures Lebens und gewähre euch den Schutz und den Mut, den ihr braucht um neue Wege zu gehen und zu Ende zu bringen. Des weiteren helfe ich euch, die Vergangenheit abzuschließen und in Ruhe zu lassen. Ich zeige euch neue Wege, die sich öffnen, so dass ihr mit dankbarem Herzen weiter gehen könnt.

Botschaft der Eiche

Ich vermittele Stabilität und Stärke. Mein Wesen ist ausgleichend und wie die meisten Bäume verbinde ich Himmel und Erde. Meine Wurzeln gehen tief in die Erde und meine Äste stellen die Verbindung zum Himmel oder Geistigen her. Energetisch schütze ich euch vor dunkler Magie und dunklen Energien. Da eure körperliche Stabilität durch die Wirbelsäule entsteht, wirke ich dort ausgleichend, körperlich, wie auch energetisch. Euer Leben, eure Erfahrungen und euer Lebensplan ist in der Wirbelsäule kodiert. Je nach Entwicklung werden die Themen entschlüsselt. Ich kann euch helfen, eure Erfahrungen liebevoll anzunehmen, Herausforderungen mit Stärke zu meistern und ich helfe euch, gemäß eures Lebensplanes, voran zu schreiten, damit ihr euch nicht im Alltäglichen verliert.

Innere Balance und Stabilität sind in dieser Zeit des Wandels und Neubeginns die Grundvoraussetzung um heil und liebevoll durch diesen Zeitabschnitt zu gehen. Da dies eine Zeit ist, alte Lebensmuster und Glaubenssätze los zu lassen - damit ihr frei in ein neues Bewusstsein gehen könnt - unterstütze ich euch, eure eigene innere Stärke zu festigen um mutig voran zu gehen.

Botschaften der Steine

Botschaft des Purpurit

Wir alle haben die Aufgabe und den Wunsch euch zu helfen. Wir lieben es umsorgt, beachtet und mit Respekt behandelt zu werden. Wir möchten nicht achtlos in der Ecke liegen. Wir möchten euch helfen, weil wir dadurch auch uns und Mutter Erde helfen. Ihr und wir wirken als Katalysator. So wie ihr uns benutzt und mit welcher Intention ihr lebt, wird verstärkt auf Mutter Erde zurück geworfen. Je mehr ihr unsere Eigenschaften in euch aufnehmen könnt, umso segensreicher wirkt ihr auf Mutter Erde. Wir repräsentieren das purpurne Licht, ein Licht voller Wärme und intensiver Liebe, anders als der Rosenquarz, der sanfter und subtiler wirkt. Wir sind kraftvoller, direkter und mit elementarer Schwingung. Wir wirken direkt auf die Materie ein, d.h., unsere Schwingung geht ins Herz- und Stirnchakra, verbindet den göttlichen Liebesaspekt mit dem göttlichen Sehen. Bevorzugt könnt ihr mit uns arbeiten am Herz- und Stirnchakra, aber auch am Wurzelchakra, welches das Irdische - die Materie - ausdrückt. Sinn und Zweck ist es, ein Gleichgewicht zu schaffen zwischen der Verbindung von Mutter Erde und Vater Himmel. In Liebe beide Aspekte verbinden und den Menschen zum Katalysator machen für göttliche Energien, die Mutter Erde unterstützen. Ihr werdet von uns ausgewählt, nicht ihr wählt uns
aus. Jeder von uns hat ein Energiefeld, das wie bei einem Magnetfeld unterschiedliche Pole aufweist. Um euer Interesse zu wecken, gehen wir in Resonanz mit eurer Schwingung. Dort wird ein Kraftfeld mit hoher Schwingung erzeugt, so dass eine Anziehungskraft entsteht. Selbst, wenn euch ein anderer Stein optisch besser gefällt, könnt ihr euch dieser Kraft nicht entziehen und wählt den Stein, wo die größte Anziehungskraft herrscht. Ich kann euch helfen, die Verbindung, nach der ihr euch sehnt - das Göttliche und Mutter Erde - im Gleichgewicht herzustellen. Ich zeige euch auch auf, wo noch Blockaden in euch sind und welcher Natur sie sind. Sehr direkt, aber doch von Liebe durchdrungen. Es gibt einen bestimmten Zeitpunkt im Bewusstsein der Menschen, indem ich in ihr Leben trete, drum fragt mich jedes Mal, wenn ihr mich in Behandlungen einsetzt, ob ich da wirken kann. Achtet bitte auf

den respektvollen Umgang mit uns. Liebe reinigt mich am stärksten. Wende dich mir mit reiner Herzensliebe zu, so werde ich gereinigt und auch aufgeladen. Wasche dir nach meiner Berührung die Hände, mein Staub enthält giftige Substanzen für euren Körper.

Männlicher und weiblicher Aspekt

Wir vereinen den männlichen und weiblichen Aspekt. Je nach Botschaft, die wir übermitteln, dominiert der ein oder andere Aspekt. Dies ist auch abhängig von der Person, mit der wir kommunizieren. Das, was bei der betreffenden Person noch nicht vollends ausgereift ist, repräsentieren wir. Gleichzeitig ist dies auch von der Tagesform abhängig. Lebt ihr an einem Tag mehr den männlichen Aspekt, gleichen wir dies aus und repräsentieren den weiblichen Aspekt und umgekehrt. Dies wird so lange sein, wie die Dualität auf Mutter Erde existiert. Habt ihr beide Teile gleichermaßen in euch integriert und zu einem Ganzen verschmolzen, geht unsere Kommunikation auf einer anderen Ebene weiter. Ihr seid dann geprägt von Liebe und seht in allem die Liebe. Der Kampf zwischen männlichem und weiblichen Aspekt hat aufgehört. Ihr liebt euch bedingungslos, wertet nicht mehr und erkennt die Einheit von allem Sein. Um diesen Zustand zu erreichen, müsst ihr alle Aspekte in Liebe annehmen. Fangt bei den Aspekten an, die euch bei anderen am meisten stören, z.B., Schwäche ist bei euch ein weibliches Attribut. Nehmt in eurer inneren Frau Schwäche an. Das Macho-Gehabe ist ein männliches Attribut. Nehmt in eurem inneren Mann Überheblichkeit an, etc. Dieser Prozess endet erst, wenn ihr alle für euch positiven und negativen Aspekte angenommen habt. Ihr seid dann im Gleichgewicht, alles hat das gleiche Gewicht, die gleiche Wertigkeit und somit Existenzberechtigung. Das, was ihr in eurem Inneren habt, tragt ihr nach außen. Konzentriert euch mehr auf euer Inneres. Ihr lasst euch zu leicht von äußeren Dingen ablenken, denen ihr Wichtigkeit zollt. Das einzig wichtige für euch sollte euer Innerstes sein, denn nur dort findet ihr alles, was ihr im Außen vergeblich sucht. Erspart euch doch den Kummer und die Frustration. Ihr habt schon alles, ihr müsst es nur finden. Ihr habt selbst den Wohlstand und Reichtum in euch. Jagt nicht dem Geld hinterher, es wird euch davon laufen, wie alle anderen Dinge auch. Erkennt, dass ihr es bereits schon habt, haltet inne und es wird zu euch kommen. Hört auf zu kämpfen, ihr bekämpft nur euch selbst. Seid friedvoll und der Frieden kommt zu euch. Seid liebevoll und die Liebe kommt zu euch. Seid das, was ihr wünscht und es kommt zu euch. So, wie ich dich gewählt habe.

Botschaft des Achat/Malachit

Ich kühle ein hitziges Gemüt ab. Ich habe eine ausgleichende Wirkung auf die unteren Chakren (1.2.3.Chakra). Ich repräsentiere den Himmel und das Meer, das Luft- und das Wasserelement, den Geist und die Gefühle und versuche sie auszugleichen. Ich wirke beruhigend, klärend und strukturierend. Arbeiten kannst du auf allen Chakren mit mir. Ich trage das Wissen alter Kulturen in mir. Ich zeige dir, wie du deinen Geist zu deinem Wohl fokussieren kannst. Mit Hilfe deines Geistes manifestierst du Materie. Ich kläre deinen Geist und verhelfe ihm zu mehr Zielgerichtetheit. In den alten Kulturen war das Wissen um die Kraft der Steine, Kristalle und den universellen Gesetzen bekannt. Ihr habt es vergessen, doch die Zeit, in der ihr lebt, erfordert es, dieses Wissen euch wieder zugänglich zu machen. Das Gleichgewicht auf Mutter Erde ist erheblich gestört. Jeder einzelne von euch hat die Möglichkeit und die Macht das Gleichgewicht wieder herzustellen. Seid zentriert und fokussiert Heilenergien auf Mutter Erde. Stellt euch Mutter Erde heil vor und malt euch den Idealzustand in eurem Geiste aus. So tragt ihr einen erheblichen Beitrag zur Heilung bei. Je mehr Menschen dies tun, umso schneller und effektiver wird dieser Prozess in Gang gesetzt. Wisst, dass ihr mit Mutter Erde und allen Geschöpfen in einer Synthese lebt. Das, was ihr anderen antut, tut ihr euch an und umgekehrt. In alten Kulturen wurden wir als Katalysatoren für Heilungsarbeiten jeglicher Art benutzt. Die Menschen lebten in Einheit mit der Natur, den Tieren, den Elementarwesen, dem Mond, den Gestirnen und der Sonne. Sie brachten sich selbst und allem anderen Achtung und Wertschätzung entgegen. Sie wussten, dass jeder Gedanke, jedes Wort und jede Handlung Auswirkungen auf alles andere hatte. Deshalb versuchten sie in erster Linie zentriert und voller Liebe zu sein. "Das Innen wie das Außen, das Kleine wie das Große". Alles unterliegt denselben Gesetzmäßigkeiten. Ihr seht euch getrennt von allem und so lebt ihr auch. Ihr zerstört das, was euch am Leben erhält. Ihr macht eure Umwelt verantwortlich für euer Leben. Erkennt, dass ihr für euch selbst verantwortlich seid. In dem Wort verantwortlich - Verantwortung liegt das Wort Antwort. Ihr sucht die Verantwortung, die Antwort bei anderen, im Außen. Erkennt, dass die Antwort auf alle Fragen eures Lebens in euch ist. Ihr seid alle mit der göttlichen Weisheit verbunden. In euren Herzen tragt ihr den göttlichen Funken. Dies ist die Kraft, die überhaupt erst Leben in der Materie und auf allen anderen Ebenen möglich macht. Des weiteren führt eine hauchdünne, silberne Schnur von euch zum Schöpfer, die garantiert, dass ihr niemals von Gott/der Göttin getrennt werden könnt. Egal was passiert, ihr seid immer wohl behütet und in Sicherheit. Über diese Schnur seid ihr verbunden mit der göttlichen Weisheit und dem Wissen aller Kulturen, die jemals gelebt haben und die jemals leben werden, denn außerhalb der Materie existiert keine Zeit. Alles findet gleichzeitig statt - im Hier und Jetzt. Wenn ihr dies begreifen könnt, erkennt ihr das Wunder der Schöpfung. Alles ist jetzt möglich! Ihr könnt euch jetzt das Paradies auf Erden erschaffen, denn es gibt nur das Jetzt. Es gibt keinen Grund auf etwas zu warten. Da alle Ebenen jetzt existieren, sind sie alle miteinander verbunden und agieren wechselseitig, d.h., euer Massenbewusstsein beeinflusst auch das Leben auf anderen Planeten und auf den verschiedenen Bewusstseinsebenen jedes Planeten. Stellt euch die verschiedenen Bewusstseinsebenen auf der Erde wie Parallelwelten der Erde vor. So hat auch jeder Planet Parallelwelten, je nach Bewusstseinsgraden und alle Planeten und deren Parallelwelten sind miteinander verbunden. Wenn ihr das annähernd versteht, erkennt ihr eure eigene Macht und gleichzeitig die große Verantwortung, die ihr durch eure Handlungen tragt. Denn alles hat Auswirkungen auf das große Ganze und umgekehrt. Ihr seid niemals getrennt von allem. Der Gedanke der Trennung ist eine Illusion, damit ihr euch als Individuen betrachten könnt. Ihr könnt als Individuen mit dem Bewusstsein des Einssein leben und tragt somit zum Wohle aller bei. Lebt ihr als Individuen mit dem Bewusstsein des Getrenntseins erschafft ihr Zerstörung. Dies ist der jetzige Zustand eures Planeten. Ihr seht, JETZT ist die Zeit der Veränderung und Heilung.

Botschaft des Hellgrünen Calcit

Ich grüße dich, schön dass wir in Kommunikation treten. Ich bin ein Calcit. Meine Aufgabe ist es zu sondieren. Ich helfe dir dabei, deine Emotionen, Gedanken und Intentionen sichtbar zu machen. Wir schauen zusammen an, was dir davon dienlich ist und was nicht. Die für dich heilsamen Intentionen verstärke ich und ziehe sie somit in dein Leben. Zur Zeit der alten Kulturen wurde ich benutzt, um gezielte Gedanken und Intentionen zu verstärken. Dies diente nicht immer zum Wohle anderer und deshalb bitte ich dich verantwortungsvoll mit mir umzugehen. Bedenke, dass alles was du tust, Auswirkungen auf das große Ganze hat. Wähle deine Intentionen mit Liebe und Freude. Mache dein Leben zu einem lebenden Beispiel für die Großartigkeit der Schöpfung und diene anderen als inspirierendes Beispiel für die göttliche Liebe. Arbeiten kannst du mit mir auf dem Herz-, Solarplexus- und dem Sakralchakra. Dort, wo die Machtzentren liegen, offenbaren sich eure Machtstrukturen und damit eure Blockaden, die es verhindern aus dem Herzen zu leben. Ängste jeglicher Art lassen euch Intentionen erschaffen, die euch und damit anderen "Schaden" zufügen. Ich helfe dir genau hin zu schauen, welche Auswirkungen dies auf dein Leben hat und was du dadurch anziehst. Dann liegt es an dir zu entscheiden, ob du das noch brauchst. Dein freier Wille ist auch für mich oberstes Gebot, den ich respektiere. Insofern kann ich dir nur eine Hilfe sein, denn ich habe keinen Einfluss auf deine Entscheidungen und verstärke nur das, was du wählst. Arbeitest du mit mir auf dem Herzchakra, kann ich dich für die göttliche Liebe öffnen, d.h., du bist verbunden mit der Liebe Gottes/der Göttin und wählst somit Ereignisse, die dem Wohle aller dienen. Du triffst die Entscheidung, wie du mit mir arbeitest. Ich muss nicht gereinigt werden, da ich keine Energien absorbiere. Ich liebe es aber, ab und zu von Wasser umschmeichelt zu werden. Aufladen kannst du mich, wenn du mich eine Stunde in die Sonne legst. Immer dann, wenn deine Intention dir das sagt.

Botschaft des Purpurnen Achat

Ich grüße dich, von der Energie bin ich ähnlich wie der Purpurit. Ich bringe oder besser, repräsentiere ebenfalls das purpurne Licht. Kommt ein neuer Lichtstrahl auf die Erde manifestiert er sich auch in der Materie. Steine nehmen seine Farbe an, Pflanzen, ja sogar die Menschen entdecken diese Farbe für ihre Mode und ihr Design. Ich wirke etwas sanfter als der Purpurit und öffne die Herzen für die höhere Frequenz der Liebe, die seit dem Erscheinen des purpurnen Lichts zum Aufstiegsprozess der Erde beiträgt. Ich trage dazu bei, dass auch dein Körper diese höhere Frequenz in seinen Zellen speichern kann und mit deinem Geist den Aufstiegsprozess mit gehen kann. Auf der emotionalen Ebene bringe ich dir die Liebe unseres Schöpfers und erhöhe den Emotionalkörper, wenn du dies zulässt. Auf der geistigen Ebene bringe ich dir die Erkenntnis, dass ohne Liebe kein Leben möglich ist, d.h., du erkennst, dass du im Schöpfer bist und der Schöpfer in dir; dass du in der Liebe bist und die Liebe in dir. Bist du in der Liebe, so bist du auch in der Freude. Bist du in der Liebe, manifestiert sich alles sofort, was du wählst. Manifestationen aus der Liebe heraus sind heilbringend für dich und damit für alles Lebendige. Ich wirke nicht auf Blockaden, denn meine Aufgabe ist es, dich ohne Umwege zur Liebe zu führen. Die Liebe löst alle Blockaden auf, so dass du deinen Fokus nur noch auf die Liebe richten musst. Ich komme, nach dem Gesetz der Anziehung, zu den Menschen, die bereit sind, sich der Liebe bedingungslos zu öffnen. Arbeiten kannst du mit mir auf dem Herzchakra, Solarplexus- und Kronenchakra. Im Herzchakra öffne ich dein Herz für die Liebe, im Solarplexuschakra führe ich deine Ängste und Machtstrukturen zur Liebe, auf dem Kronenchakra schaffe ich die Verbindung, dass dein Körper das purpurne Licht - und somit die Liebe - direkt aufnehmen kann. Möchtest du bei anderen Menschen mit mir arbeiten, schau, ob ich mit ihnen in Resonanz gehe. Da ich eine sehr auffällige Erscheinung habe, geht jemand spontan auf mich zu oder spürt einen Widerstand. Mache dir keine Sorgen, ich prüfe, bei wem ich arbeiten kann und bei wem nicht. Jemand, der noch nicht bereit ist, sich vollständig der Liebe zu öffnen, wird sich unwohl fühlen, wenn ich auf ihm liege. Passieren kann dort nichts. Liebe ist die reinste und höchste Energie, sie reinigt mich und lädt mich auch auf. Du kannst mich auch für eine kleine Weile in die Natur legen. Dort bin ich in direktem Kontakt mit dem purpurnen Licht, welches mich reinigt und auflädt.

Botschaft des Lapislazuli

Meine Aufgabe besteht darin, dir spirituelle Weisheiten zu vermitteln. Ich öffne deine Ohrenchakren und dein drittes Auge. Ich helfe dir bei der Entwicklung deiner Hellsichtigkeit und Hellhörigkeit, wenn du dies zulässt. Ebenso wirke ich beruhigend auf ein ängstliches, nervöses Gemüt. Ich wurde seit alters her dazu genutzt das dritte Auge und die Ohrenchakren zu öffnen. Die Weisheiten, die sich den Menschen eröffneten, wurden jedoch auch gegen andere gerichtet. Darauf habe ich keinen Einfluss, doch jeder Missbrauch zieht auch gewaltige Konsequenzen nach sich - bedenke wie du deine Fähigkeiten einsetzt. Ich bin von jeher ein Stein für Priester und Priesterinnen gewesen, die als Kanal für göttliche Weisheiten fungierten, die zum Wohle aller dienten. Du kannst mich ständig bei dir tragen, dies verstärkt deine Fähigkeiten und hält sie im Fluss. Lege mich auf das dritte Auge und die Ohrenchakren (Augenbrauen), so beginne ich zu wirken. Bei anderen Menschen vergewissere dich, ob sie eine Öffnung wünschen. Schaden kann ich nicht, doch werde ich dann nicht aktiv. Wasser reinigt mich, Vollmond reinigt mich und lädt mich auf. Am wirkungsvollsten lädt und reinigt mich ein weißer Lichtstrahl, den du aus deinem dritten Auge auf mich sendest.

Botschaft des Bergkristall

Ich grüße dich. Ich bringe Klarheit, wo ein großes
Durcheinander ist, sowohl in deinen Gedanken, deinen
Emotionen, wie auch in deiner äußerlichen Umgebung.
Klarheit meint, ohne Illusionen - ich fege sie hinweg. Illusionen
machen euch schwer, unbeweglich und kraftlos. Es kostet
eine Menge Energie Illusionen aufrecht zu erhalten. Sie
begrenzen euch auch, weil ihr nicht euer wahres Potenzial
leben könnt. Du wirst merken, dass du dann auch in der Lage
bist deine Klarheit verbal zum Ausdruck zu bringen. Du bist in
der Lage deine jeweilige Situation klar zu sehen - ohne sie
weiter zu beschönigen oder zu negieren. Du erkennst deine
tiefsten Wünsche und den Weg, sie in dein Leben zu
bringen. Ich wirke in deiner Aura und gleiche sie aus, so dass
du harmonischer schwingst und mehr in deiner Mitte ruhst. Ich
reinige deine Aura von niederen Energien und bringe dir die
Energie der Reinheit. Reinheit meint in diesem Fall, dass du
auf dein Herz hörst. Empfindungen des Herzens sind immer
rein und von göttlicher Liebe durchdrungen. Ich verstärke
Energien jeglicher Art, doch meine ursprüngliche Aufgabe ist
es, die reinen Wünsche des Herzens zu verstärken. Richte
deinen Fokus ausschließlich auf die Wünsche deines Herzens,
so bist du im Einklang mit dem Rhythmus des Universums.
Die Wünsche deines Herzens bringen dir Freude, Liebe, Fülle
und gleichzeitig bringst du dies auch im Außen zur Entfaltung,
so dass alles daran teilhaben kann. Du bist dann im Fluss des
Gebens und Nehmens, du bewegst dich rhythmisch, wie alles
im Universum. Es ist das Einatmen und Ausatmen der
Schöpfung selbst, deren Teil du bist. Ich wirke heilend auf
deine Augen und verstärke deine Hellsichtigkeit, sowohl über
das dritte Auge, wie auch bei deinen Sehaugen, so dass du
auch Auren, Erscheinungen, Engel, Elementarwesen sehen
kannst. Ich wirke entsprechend deines Fokus. Du wirst das
sehen, was du wählst zu sehen. So ist es durchaus möglich,
auch in eurer Welt der Dualität, nur liebevolles zu sehen. Es ist
sogar erwünscht. Siehst du nur Liebe, strahlst du Liebe aus.
Siehst du Negativität, strahlst du Negativität aus. Dieser Planet
braucht dringend Menschen, die Liebe ausstrahlen und hier
verankern, denn eure Waagschale der Dualität ist zugunsten

der Negativität gekippt. Das Gleichgewicht ist empfindlich gestört. Ich rate dir, sieh das Schöne, die Liebe, die Fülle und ziehe dir deine Kraft daraus um Veränderungen bewirken zu können. Du kannst keine Liebe geben, wenn du nichts liebevolles wahrnimmst. Du läufst dann leer und bist selbst auf die Liebe anderer angewiesen. So vertraue deinen Herzenswünschen und lebe sie - gleichgültig was dir andere sagen. Deine Herzenswünsche weisen dir den Weg. Du bist in Sicherheit und wirst unterstützt vom Schöpfer, den Engeln und allen, die im Dienste der Liebe stehen. Du kannst am ganzen Körper mit mir arbeiten. Auf dem Herzchakra bringe ich dir Klarheit bezüglich deiner Herzenswünsche. Auf deinen Augen wirke ich heilend bei jeglichen Störungen und verstärke deine Hellsichtigkeit. Auf dem dritten Auge verstärke ich deine spirituelle Sehfähigkeit. Auf dem Halschakra verstärke ich deine verbale Klarheit. Auf dem 1.2.3. Chakra verschaffe ich dir Klarheit über deine irdische Situation bezüglich Arbeit, Beziehungen jeglicher Art, dein Verhältnis zur Materie und ihrer Erscheinungsformen (Geld, Besitz, etc.) Auf deinem Scheitelchakra verhelfe ich dir zu spirituellen, klaren Einsichten und deren Verständnis, wie du sie in dein Leben umsetzen kannst. Du kannst mich unbegrenzt bei dir tragen. Ich bedarf der Reinigung, da ich negative Energien aus deiner Aura und deinem Körper entferne. Spüle mich, täglich oder auch öfter, je nach Art der Arbeit, mit lauwarmem Wasser ab oder lege mich eine Weile hinein. Quellwasser wäre das Idealste, ebenso reinigt mich der Schein des Vollmondes und er lädt mich auch auf.

Botschaft des Amethyst

Meine Aufgabe ist es, dir innere Ruhe zu geben. Alles, was dich beunruhigt und in dir wühlt, zum Stillstand zu bringen, damit du ruhig und gelassen wirst. Ruhig meint auch, inneren Frieden zu erlangen und die Dinge mit Bedacht zu betrachten und anzugehen. Gelassenheit ist ein Zustand, der alles lässt, wie es ist, ohne den Drang zu verspüren immer alles ändern zu müssen. Aus der Gelassenheit heraus - und damit ohne emotionale Stürme - siehst du die Dinge, wie sie wirklich sind, nämlich neutral. Wenn du den Fokus auf Liebe richtest, so wirst du alles, was dir begegnet als liebevoll ansehen. Dazu ist es jedoch erforderlich, dass du dich in Gelassenheit übst. Ich helfe dir dabei. Ich werde auch Meditationsstein genannt, weil ich - auch in Gruppenmeditationen - die Gemüter und Gedanken beruhige, damit die Beteiligten sich für die Meditation öffnen können. Ich verstärke und erhöhe die Energie, so dass euch Informationen, die für euch wichtig sind, weiter gegeben werden können. Auf der physischen Ebene habe ich die Fähigkeit Schmerzen aus dem Körper zu ziehen. Lege mich eine Weile auf die schmerzende Stelle deines Körpers und lasse mich solange oder so oft dort liegen, bis der Schmerz deutlich nachlässt. Legst du mich auf den Solarplexus, so bringe ich dir Frieden und Gelassenheit. Bei Ängsten jeglicher Art - die dort gespeichert sind - wirke ich beruhigend, so dass du dir die Situation oder Angst mit dem nötigen Abstand betrachten kannst. Auf dem Halschakra verhelfe ich dir zu einer friedlichen und gelassenen Kommunikation. Du wählst deine Worte mit Bedacht. Auf dem Scheitelchakra verbinde ich dich mit der höchsten Quelle der Liebe und Weisheit und ermögliche dir, Führung aus der höchsten Ebene zu empfangen.

Bei anderen Menschen arbeiten:

Du kannst mich bei jeder Art von Behandlung in die Nähe des Menschen legen, so kann ich ihn beruhigen und damit für die Behandlung öffnen. Du kannst mich auch auf dem Körper einsetzen, je nach Bedarf und Art der Problematik. Da ich Schmerzen aus dem Körper ziehe, bedarf ich der Reinigung. Hülle mich in weißes Licht, das du visualisierst. Dies reinigt mich und lädt mich auf. Der Schein des Vollmondes reinigt mich und lädt mich ebenfalls auf.

Botschaft des Mondstein

Wie mein Name schon sagt, stehe ich in der Energie des Mondes. Ich repräsentiere die weibliche, mystische Energie. Ich fördere die weibliche Intuition (auch bei Männern), Weichheit und die Hingabe an alle Dinge des Lebens. Des weiteren helfe ich dir in deiner Energie zu bleiben und schütze dich vor anderen Energien. Wenn du mich trägst, kannst du deine Empfindsamkeit leben und unterscheiden, welche Emotionen von dir kommen oder von anderen. Ich bin der Stein für alle Lichtarbeiter, Hellsichtige, besonders Hellfühlige und alle Menschen, die mit außersinnlichen Wahrnehmungen begabt sind. Bei euch entsteht oft Verwirrung, weil ihr dazu neigt Emotionen, Stress und Energien anderer Menschen zu absorbieren und sie für die eurigen zu halten. So zieht ihr euch unbewusst die Probleme anderer an, weil ihr glaubt, es seien eure eigenen. Ich kann euch dabei helfen zu unterscheiden und schütze euch, so dass ihr euch auf eure wichtige Aufgabe konzentrieren könnt. Tragt mich ständig bei euch, ganz besonders, wenn ihr mit anderen Menschen arbeitet. Ich helfe euch eure inneren Wesensmerkmale zu erkennen, wer ihr wirklich seid, welche Bestimmung, Berufung und Aufgaben ihr habt. Ich führe euch zu eurer inneren Kraft und Ursprünglichkeit, so dass ihr erkennen könnt, dass ihr alle aus der selben Quelle stammt. Die Verbindung zu eurer inneren Quelle verbindet euch mit allen Wesen, Planeten und Universen, so dass ihr auch Zugang zu dem Wissen habt, das jemals existiert hat und noch existieren wird. Ich leite euch zu dem Wissen, das ihr gerade für euer Wachstum und eure Aufgaben braucht. Vertraut euch mir an und kommuniziert mit mir. Ich bin so alt, wie alles, was existiert. Ich wurde auf jedem Planeten und in allen Universen erschaffen, um den Wesen das wahre Wissen ihrer Ursprünglichkeit zu erinnern. Auf dem Solarplexus erinnere ich dich an die Fähigkeiten, die du bereits erworben hast. Auf dem Herzchakra verbinde ich dich mit der inneren Quelle. Auf dem Halschakra helfe ich dir das innere Wissen nach außen zu transportieren. Du kannst mich auch bei dir tragen, so hülle ich dich in mein schützendes Licht, welches dich bei dir und in deiner Verbindung zur Quelle sein lässt. Jede Phase des Mondes reinigt mich und lädt mich auf, am stärksten natürlich der Vollmond. Wenn du mich als Schmuck trägst, kannst du mich auch mit dem Licht des Mondes reinigen und aufladen, welches du visualisierst. Meine Farbgebung entspricht dem Licht, welches mich reinigt und auflädt.

Botschaft der Moqui Marbles

Wir grüßen dich und danken dir, dass du uns mitgenommen hast. Wir Moqui Marbles sind Pärchen, ein weiblicher und ein männlicher Stein. Wir möchten den Menschen, die uns ernten und weiter verkaufen, mitteilen, dass kein Pärchen getrennt werden darf, sonst können wir nicht heilsam wirken. Nicht immer finden wir einen Partnerstein mit dem wir in gleicher Frequenz schwingen. Wir werden von Mutter Erde geboren und wachsen bis wir geerntet werden. Mutter Erde gebiert uns zweigeschlechtlich, weil wir die Aufgabe haben, den weiblichen und männlichen Aspekt in Liebe und Harmonie - in perfekter Symbiose - zu repräsentieren und dies bei euch Menschen zu heilen. Wir bringen eure inneren widersprüchlichen Kräfte ins Gleichgewicht, so dass ihr wieder harmonisch schwingt. Wir fördern auch Unstimmigkeiten in euch an die Oberfläche, so dass ihr die Möglichkeit zur Auflösung habt. Eure weiblichen und männlichen Aspekte werden ausgeglichen und dadurch hören eure Lebenskämpfe im Außen auf. Euer Umfeld und eure Kämpfe sind ein Spiegel, denn letztendlich kämpft ihr im Inneren den Kampf zwischen Mann und Frau. Jeder Teil ist wunderbar. Bekämpft nichts, sondern nehmt beide Anteile in Liebe an. Des weiteren sensibilisieren wir euch für die gesamte Schöpfung von Mutter Erde, d.h., ihr verspürt verstärkt den Wunsch in die Natur zu gehen, fühlt euch zu Pflanzen, Tieren und Steinen hin gezogen. Ihr entdeckt die Ursprünglichkeit des Lebens wieder und möchtet sie in euren Alltag integrieren. Je mehr Menschen ihren inneren Mann und ihre innere Frau vereinigen, umso mehr Menschen sind in Harmonie und Liebe. Der Wunsch zu kämpfen hört auf und weltweiter Frieden ist möglich. Wir sind da, um euch dabei zu unterstützen. Tragt uns bei euch, schließt uns bitte nicht in Kästchen oder Säckchen ein. Wir lieben es im Tageslicht und frei zu liegen. Haltet uns oft in der Hand, damit unsere Schwingung die eure ausgleichen kann. Wenn ihr gezielt arbeiten möchtet, haltet den weiblichen Stein in der linken Hand und den männlichen Stein in der rechten Hand. Eure linke Körperhälfte entspricht der inneren Frau, eure rechte Körperhälfte dem inneren Mann. Wir sind von

Mutter Erde geboren. Legt uns in der Natur eine Weile auf den Boden, so werden wir gereinigt. Eure liebevolle Zuwendung lädt uns auf und wir können unsere ganze Kraft entfalten.

Botschaft des Bernstein

Ich grüße dich, ich bin kein Stein im herkömmlichen Sinne; ich wachse nicht in der Erde. Ich bin aus einer Reihe chemischer Prozesse entstanden, dennoch bin ich beseelt wie alles andere in der Schöpfung. Da ich durch Transformation entstanden bin, ist dies auch meine Bestimmung für euch Menschen. Ich helfe euch bei jeglicher Form von Transformation. Transformation bedeutet sich neu formen, sich neu zusammen setzen, sich umwandeln und ein vollständig neues Wesen zu werden. Viele von euch haben Angst vor diesen Veränderungen und wollen so bleiben, wie sie sind. Sie lehnen jegliche Art der Veränderung ab. Im Grunde liegt die Angst darin, jegliche Sicherheit zu verlieren, orientierungslos zu sein und keinen Halt zu finden. Das Wort Veränderung setzt ihr gleich mit dem Verlust von liebgewonnenen Dingen, die ihr nicht verlieren wollt. Dies ist damit nicht gemeint. Die Dinge, die euch behindern und klein halten, wie Glaubenssätze und negatives Denken bedürfen der Transformation. Sie bilden ein enges Korsett um euren wahren innersten Kern. Letztendlich ist jede Transformation der Weg zu euch selbst. Dies kann ein schwerer, schmerzlicher, langwieriger Prozess sein, wenn ihr nicht gelernt habt, eure veralteten Glaubenssätze zu erkennen. Meine Hilfe besteht darin, dieses Korsett in euer Bewusstsein zu bringen, so dass ihr erkennen könnt, was euch hindert, euer wahres Selbst zu leben. Im Erkennen liegt auch die Annahme. Erkennt ihr eure Glaubenssätze, seid ihr in der Lage sie anzunehmen und damit beginnt ihr sie zu transformieren. So könnt ihr mit mir sanft durch diesen Transformationsprozess gehen, der in der heutigen Zeit für jeden Menschen unumgänglich ist. Ich wurde in früheren Zeiten der Stein (das Geld) der Kaufleute genannt, weil sie mir zusprachen Reichtum und gute Geschäfte zu vermehren. Dies entspricht der Wahrheit, jedoch in dem Sinne, dass ich helfe eure Begrenzungen bezüglich Reichtum und Fülle zu transformieren. Euer Glaube an Reichtum bringt diesen in euer Leben. Meine Farbgebung geht von Gelb, Orange bis braun. Ich bin ein Stein für die unteren Chakren, überwiegend 2. und 3. Chakra, da dort eure niederen Verhaftungen, Süchte,

Machtstreben und Kontrolle sitzen. Ich helfe euch dabei, sie in euer Bewusstsein zu bringen. Ihr könnt mich dort auflegen oder als Schmuckstein oder Rohstein bei euch tragen. Die Reinigung ist bei mir sehr wichtig, da ich eure Krankheiten und Glaubenssätze speichere. Bernsteinschmuckstücke speichern alles vom Träger(in). Bekommt ihr Schmuck vererbt oder geschenkt, reinigt in zuerst, da er sonst fremde Eigenschaften übertragen kann. Die Elemente reinigen mich, vornehmlich Wasser und Sonne. Zur kompletten Reinigung legt mich in die Sonne, bis ich ihr Licht und ihre Wärme vollkommen aufgenommen habe (bis ich mich heiß anfühle). Ihr könnt auch einen Lichtstrahl in meiner Farbgebung visualisieren. Hüllt mich so lange darin ein bis ich komplett von diesem Licht durchdrungen bin.

Botschaft der Katzen

Diese Botschaft kommt von der Gruppenseele der Katzen, angesichts der momentanen Zeit des Aufstiegs.

"Ihr hetzt durch euer Leben ohne nach links und rechts zu schauen. In eurem Fokus, euren selbst aufgestellten Terminplan zu erfüllen, vergesst ihr das Leben, welches um euch herum existiert. Dies sind eure Partner, eure Kinder und eure Tiere.
Wir Katzen sind sehr empfänglich für Energien. Unsere Fähigkeit ist es, negative Energien - mithilfe unserer Vibration (Schnurren) - zu neutralisieren.
Wir tun dies aus unserem inneren Gewahrsein heraus.
Im Moment machen uns die Lichtenergien, die von der Zentralsonne ausgehen, sehr zu schaffen. Die Lichteinstrahlung ist sehr hoch frequentiert und durchleuchtet auch unsere Zellstruktur. Mit der Anpassung an höhere Energien sind wir genauso beschäftigt wie ihr. Unsere Körper müssen sich auch anpassen. Dazu kommt, dass sich durch die Anhebung der Materie vieles loslöst - bei euch Menschen, bei der Erde und bei allen Tieren.
Eine große Menge an "negativen" Energien werden frei gesetzt. Dies überfordert uns im Moment. Es war uns sonst ein leichtes dies zu neutralisieren.
Wir möchten euch bitten still zu werden, auf eure Gedanken und Prozesse - die gerade hervor kommen - zu achten und die Verantwortung dafür zu übernehmen. Geht mehr in die Stille, ruht euch aus, versucht eure Gedanken in Harmonie zu bringen. Wir helfen euch dabei, indem wir zu euch kommen - nicht nur um gestreichelt zu werden - sondern um euch in den Moment zurück zu holen. Wenn ihr präsent seid, löst sich meistens euer vermeintlicher Ärger auf.
Wir sind jetzt auf eure Hilfe angewiesen. Wenn es zu viel wird ziehen wir uns zurück oder werden sogar krank.
Wir schätzen Ruhe, Wärme, Schlaf und unseren Freiraum. Wir lieben euch und wünschen uns, dass ihr von uns etwas lernt.
Beobachtet uns, wie wir unseren Tag verbringen, wie wir uns bewegen, was für uns wichtig ist.
Nehmt ein bisschen von unserer Art an und euer Leben wird

leichter sein. Wir danken euch für eure Hilfe in dieser
besonderen Zeit."

Botschaft der Planeten

Saturn

Ich grüße euch, ich bin das Bewusstsein des Saturn. Wie ihr alle wisst, ist alles im Universum wechselseitig verbunden. So hat euer Planet Einfluss auf mich und ich beeinflusse alles auf der Erde. Aus der Astrologie ist euch diese Tatsache bekannt. Dort bin ich bekannt als strenger Herrscher, dem jegliche Prüfung unterliegt. Mit Prüfung ist gemeint: Ist jeder einzelne von euch bereit den nächsten Schritt in der Evolution zu gehen? Seid ihr bereit eure niederen Energien (Hass, Wut, Gier, Neid, etc...) los zu lassen und in die höhere Energie (Liebe) der Erde aufzusteigen? Seid gewiss, dieser Evolutionsschritt ist nicht mehr aufzuhalten. Selbst wenn die Oberfläche der Erde zerstört wäre, ist sie in der Lage sich zu regenerieren und aufzusteigen - jedoch ohne euch, weil ihr euch zerstört habt. An sich geht es nicht um die Rettung von Mutter Erde, sondern um eure "Rettung" bzw., euren Aufstiegsprozess, den ihr jetzt durchlaufen könnt oder den ihr euch "vermasseln" könnt. Dann fangt ihr eben wieder von vorne an. Meine Aufgabe ist es zu prüfen: Wer ist bereit für den Aufstiegsprozess und wer nicht. Da viele Menschen diesen Weg bereits bewusst gehen, wird Mutter Erde mit diesen Menschen den Weg gehen. Die Menschen, die diesen Weg, aus was für Gründen auch immer, nicht gehen wollen, entscheiden sich - zum Teil - ihren Körper zu verlassen und später zu inkarnieren. Einige andere werden hier auf der Erde, unter ihresgleichen, an bestimmten Orten zusammen leben, jedoch ohne die Verbindung zu den aufgestiegenen Menschen. Sie führen ihr eng begrenztes Leben weiter wie bisher, jedoch hat es keinen Einfluss mehr auf den Rest von Mutter Erde. Sie sind sozusagen abgeschirmt, bis sie auch ihren Körper verlassen. Drum prüft euch auch selbst, welchen Weg ihr wählt. Wählt ihr ein Leben in Leid oder in der Freude. Es ist mir wichtig dies euch zu erklären, damit ihr wisst, was im Moment auf eurem Planeten geschieht. Nichts geschieht ohne die Einwilligung jeder einzelnen Seele. Ihr werdet nicht bestraft, sondern ihr trefft auf der geistigen Ebene die entsprechende Wahl in Kenntnis aller Konsequenzen. Mein Einfluss auf Mutter Erde setzt nur euren eigenen Prozess in Gang. Ich freue mich von Herzen über jeden, der sich seiner Prüfung stellt und die Wahl seines Herzens trifft. Ich begleite euch liebevoll durch alle eure Prüfungen und freue mich über jeden eurer Erfolge.

Die Mondgöttin

Ich grüße euch, ich bin die Hüterin des Mondes. Der Mond steht für die weibliche Energie, die Weiblichkeit, wie ihr bereits wisst. Auf eurem Planeten ist seit 2007 die weibliche Energie, die Energie der Göttin integriert. Dies war Jahrhunderte lang nicht der Fall und hat zum jetzigen Zustand eures Planeten geführt. Ich unterstütze Mutter Erde mit der weiblichen Energie des Mondes, damit ein Gleichgewicht zwischen männlicher und weiblicher Energie entsteht. Meine Botschaft für euch: Ihr Frauen, lasst es zu, dass eure Urenergien wieder fließen. Sie tragen zum Heilwerden von Mutter Erde und aller Geschöpfe bei. Eure Urenergien findet ihr in euren Herzen und in euren Zellen gespeichert. Tief in Mutter Erde befindet sich ein Kristall, der dieses Wissen gespeichert hat. Verbindet euch damit (Wurzelchakra), der Kristall hat die gleiche Funktion, wie die Akasha-Chronik - nach oben (Scheitelchakra) verbindet euch mit mir. Ich werde euch den Weg zu euren ursprünglichen Energien lehren. Eure Gesellschaft krankt an einer Überbetonung der männlichen Energien. Die Frauen, in Führungspositionen, leben nicht ihre ursprüngliche Frau, auch nicht den ursprünglichen Mann, sondern das Bild von Mann, das ihr gelernt habt: hart, konkurrenzdenkend bis rücksichtslos, um die eigenen Ziele zu erreichen. Viele Frauen kämpfen sich durchs Leben - wie Krieger in einer Schlacht. Gewinner gibt es dort keine, nur Verlierer. Ihr ignoriert eure innersten Bedürfnisse, eure Sensibilität, eure Liebesfähigkeit, eure Intuition, eure Verbindung zur Schöpfung. Gerade ihr wisst um das Entstehen und Wunder eures Lebens. Ihr seid programmiert durch euer Umfeld und lebt diese Programmierungen. Werdet euch dessen bewusst und erinnert euch an eure Urkraft und eure Urmacht für andere in Liebe, denn ihr erschafft neues Leben, allein durch die Liebe. Mutter Erde braucht jetzt eure Urkraft und Liebe. Seid mutig und tragt diese Liebe in die Welt, denn sie ist die stärkste Macht. Euch wurde lange genug eingeredet, das "schwache Geschlecht" zu sein. Dies war der Versuch, euch zu schwächen, weil die Angst vor eurer inneren Stärke und Liebe sehr groß war. Ihr Männer unterstützt eure Frauen in diesem

Prozess, denn auch ihr solltet eure "innere Frau" beleben, damit die weibliche Energie (innere Frau) mit der männlichen Energie (innerer Mann) in der Verschmelzung die "Heilige Hochzeit" von Mann und Frau feiern kann. Denn nur dann entsteht wahre Schöpfung in der Einheit mit allem, was ist und gebiert neues Leben.

Botschaft der Engel

Erzengel Michael

Die Welle rollt ... und sie ist nicht aufzuhalten. Willkommen in
einer neuen Ära der Menschheitsgeschichte. Zu Beginn dieser
(R)evolution, zum Zeitpunkt eurer Geburt war dies ein riesiges,
unglaubliches, schier unmöglich erscheinendes Unterfangen.
Ihr fühltet euch von klein an fremd hier, obwohl ihr schon so oft
hier inkarniert habt. Wisst, dass ihr alle in euren Zellen die
neue Erde gespeichert hattet und diese als Vision all die
Jahrzehnte gehalten habt. Natürlich war euch die Realität auf
der Erde fremd und ihr hattet das Gefühl nicht zu Hause zu
sein. Die Menschen, bzw. ihre Verhaltensweisen waren euch
fremd. Ihr wurdet für euer Anderssein (eure Energie strahlt
dies aus) belogen, betrogen, ausgegrenzt, misshandelt,
missbraucht, verraten und in die Isolation gedrängt. Um dies
zu überleben, hattet ihr die Erlaubnis eure Körper zu
verlassen, d.h., die meisten von euch haben neben ihrem
Körper gelebt (auch wenn euch dies nicht bewusst war und
ist), sonst wäret ihr zerbrochen. Ihr alle habt so viel Leid und
Schmerz erfahren und damit getragen - für das Kollektiv. Es ist
nicht in Worte zu fassen, was ihr alles auf euch genommen
habt, ihr seid wahrhaft Helden und Meister. Wir lieben euch so
unermesslich und fühlen uns geehrt an eurer Seite zu stehen
und den Wandel zu vollziehen. Viele von euch sind seit Beginn
der Inkarnation mit Transformation beschäftigt. Ihr geliebten
Seelen und wundervollen Lichtarbeiter: Es war nicht euer
Karma und es waren die wenigsten Transformationen eure
Themen. Ihr habt dies alles freiwillig auf euch genommen, um
Mutter Erde und allen Wesen beim Aufstieg zu helfen. Ihr habt
alle Unermessliches geleistet und viele Narben,
Verunsicherungen und Flecken in eurer Aura abbekommen.
Wir bieten euch jetzt an: Alles, was eure Herzen schmerzt,
was euch verunsichert, schwächt, depressiv und traurig macht
- gebt es in unsere Hände. Einfach so. Wir wandeln es in
Liebe um. Belastet euch nicht mehr damit. Lasst es los und
einfach gehen. Es ist nicht mehr eure Aufgabe. Überall auf
Mutter Erde erwachen die Menschen und treten friedlich für

ihre Rechte ein. Eine Welle rollt über die ganze Erde und wird immer größer mit der Botschaft: LIEBE, FRIEDEN, FREIHEIT, SELBSTVERANTWORTUNG, EIGENMACHT. Ich bitte euch Lichtarbeiter täglich folgende Übung zu machen: Sobald euch etwas beunruhigt, geht mit eurer Aufmerksamkeit in euren Bauch. Atmet tief durch, lasst alle Gedanken einfach ziehen. Nehmt Raum ein in eurem Körper und fühlt - ohne zu denken. Ihr werdet merken, dass ihr sofort ruhig werdet und euch entspannt. Geht in eurer Herzchakra, öffnet es weit und nehmt all die Liebe auf, die da ist. Wisst, dass ihr jetzt in eurem Körper verankert werdet. Eure Seele nimmt Raum ein und euer Körper strukturiert sich neu, damit eure Seele dort eine Heimat findet. Alle körperlichen Symptome dienen eurer Reinigung und sind kein Grund zur Beunruhigung. Nehmt euch die Ruhe und Zeit diese Umwandlung zu erlauben. Macht euch keine Sorgen - für euch ist in jeder Hinsicht gesorgt. Es dauert nicht mehr lang. Übt während dessen in euch zentriert zu bleiben, denn es wird die Zeit kommen, in der ihr größere Lichtcodes und Lichteinstrahlungen aufnehmen werdet - für alle Lebewesen von Mutter Erde. Ihr dient als Katalysator für das Licht und sendet es in geschwächter Form an alle Wesen ab. Alles Alte wird vermehrt aufbrechen und verschwinden. Dies wird bei vielen Ängste auslösen und Unruhe hervorrufen. Für diese Zeit seid ihr wahre Lichtsäulen. Dies ist eure neue Aufgabe, die wir mit euch gemeinsam in voller Freude und Liebe ausüben werden. Wir sind so stolz und berührt - ihr wundervollen Seelen. Wir lieben euch unermesslich. In tiefer Liebe Erzengel Michael

Geliebte Lichtgeschwister,

ich bin glücklich euch auch auf diesem Wege hilfreich zur Seite zu stehen. Dies sind ganz wundervolle, lichtvolle aber auch herausfordernde Zeiten für euch. Eine neue Ära der Menschheitsgeschichte hat begonnen. Dies ist etwas Außergewöhnliches und noch nie da gewesenes – in dieser Form. Wir in den lichtvollen Reichen sind so glückselig, freudig, gespannt und auch freudig überrascht, wie ihr diesen Aufstieg meistert, ganz gleich ob bewusst oder unbewusst, auf eurem Weg oder noch nicht. All dies spielt keine Rolle, weil ihr in eurer Essenz wahrhafte Meister seid, sonst wäret ihr nicht hier. Wir lieben euch so unermesslich für euren Mut und dass ihr – trotz der vielen Schicksalsschläge – immer wieder aufsteht und weiter geht. Jetzt soll dieser Prozess für euch ein bisschen leichter gehen, da alle Tore zu allen Reichen weit geöffnet sind und eure Materie sich lichtet. Dies erleichtert die Kommunikation mit allen Ebenen.

Durch die Veränderungen auf Mutter Erde und damit auch in und an euch entsteht scheinbar viel Chaos und Unruhe, die aber notwendig ist, um Altes aufzulösen. Erst wenn das Alte bis ins letzte Atom durchlichtet ist, können wir tatsächlich von einer neuen Erde sprechen. Viele alte Schlacken und auch Themen aus euren früheren Inkarnationen und aus euren Ahnenreihen wollen jetzt befreit werden. Wenn ihr dann in einem Prozess oder Loch sitzt, seid ihr so gefangen darin, dass eurer Fokus ausschließlich auf dieses „Problem" gerichtet ist und dieses unnötig vergrößert. Ihr dreht euch solange im Kreis bis euch aller Mut verlässt, um weiter zu gehen – die „Dunkelheit" hat euch oder ihr sie. Das ist niemanden dienlich. Es geht einfacher und effizienter und wird euch individuell übermittelt.

Eure Körper werden ebenso durchlichtet bis in die Zellebene. In euren Zellen ist alles gespeichert – eure Lernaufgaben und auch eure Potenziale. Je mehr ihr durchlichtet werdet, umso mehr steigt auf. Es ist wichtig auf eure Körper und ihre Bedürfnisse zu achten und entsprechende Veränderungen vorzunehmen.

Ich betone noch einmal, dass die jüngste Grippewelle keine Grippe im herkömmlichen Sinne ist. Euer Körper wandelt sich um und entlässt die Themen über Grippe, Magen-und Darm, Unterleib, etc. – entlang den Chakren, wo ihr noch etwas aufzulösen habt.

Es ist damit auch nötig, rein irdische Hilfestellungen zu geben, die es euren Körpern erleichtern diese Prozesse durch zu stehen, wie Atemtechniken, alternative Heilmethoden und Clearings jeglicher Art.

Ich bin in freudiger Erwartung zu sehen wie sich diese Gruppe entwickeln wird.

Natürlich werden sich auch andere Meister der Lichtebene an diesem Prozess beteiligen, aber sie werden sich euch selbst vorstellen.

In tiefer Liebe und Bewunderung zu Euch
(Erzengel) Michael

Gruppe:

Geistige Führung für den Aufstieg

https://www.facebook.com/groups/381814128591505/

Diese Gruppe bietet kostenfreie Hilfe an

Seelenpaare

Geliebte Lichtgeschwister, ich bin Erzengel Michael und begrüße euch herzlich und voller Freude.
So lange habt ihr auf diesen Augenblick gewartet – und wir in den lichten Reichen auch.
Denn wisst, nicht alle Zwillingsseelen haben gemeinsam auf der Erde inkarniert. Zu dem Begriff Zwillingsseelen möchte ich euch noch etwas sagen. Die Bezeichnung ist nicht ganz zutreffend. Zwillingsseelen beinhaltet, dass zwei identische Seelen sich verbinden. Dies geschieht auf einer höheren Ebene auch. Das wonach wir uns alle sehnen ist die Verschmelzung zweier Anteile einer Seele. Darum geht es, ihr Geliebten.
Vor langen Zeiten haben sich unsere Seelen zur Teilung in eine körperliche Ebene entschieden um alle Empfindungen und Erfahrungen körperlich zu erleben. Jeder Anteil hat es sich zur Aufgabe gemacht, eigene Vervollkommnung zu erreichen, um dann mit all den wunderbaren Erfahrungen in die Verschmelzung mit dem geliebten Teil zu gehen.
Unsere Seelenanteile vereinigen sich jetzt. In den meisten Fällen sind dies ein männlicher und ein weiblicher Teil. Jeder Teil hat jedoch auch beides in sich. In dem Moment, wo ihr beide Anteile in euch angenommen habt und zu einer Einheit geworden seid, ist euer Seelenanteil bereit, auch im Außen den Seelenanteil zu treffen.
Dieser Zeitpunkt ist bei vielen von euch jetzt und wir aus den lichten Reichen sind überglücklich darüber, denn viele von uns sind in den lichten Reichen geblieben, um euch - in dieser wichtigen Zeit – zu führen und dafür zu sorgen, dass der göttliche Plan sich erfüllt.

Jetzt ist die Zeit der Feiern und der Wiedervereinigung, auf die wir so lange gewartet haben. Die Energien der Erde haben sich so weit erhöht und werden sich noch weiter erhöhen, dass wir uns bald auf einer Ebene – wahrhaft wieder begegnen werden.
Dies ist ab jetzt zu jeder Zeit möglich, aber unsere Freude ist so groß, dass wir diesen Zeitpunkt wählen, um die Seelenanteile zu vereinigen, die dafür bereit sind.

Wir Seelenpaare werden dann gemeinsam zum Wohle aller wirken.
Dies ist für alle anderen Seelenpaare auch möglich – für jene, die noch etwas Zeit brauchen und für jene, die gemeinsam inkarniert haben. Sie werden sich jetzt finden.

Wir werden jetzt die entsprechenden Energien in die Herzen senden.
Ich bitte euch öffnet eure Herzen ganz weit und voller Freude – dehnt euch aus und empfangt die Energien unserer göttlichen Mutter und unseres göttlichen Vaters.

Video:

http://www.youtube.com/watch?v=jY2Q-JsUUiM&feature=youtu.be

Geliebte Geschwister,

dies sind herausfordernde Zeiten für euch,
und auch für uns in den höheren Dimensionen.
Mutter Erde ist von ihren tiefsten Schlacken befreit, alle
Astralwelten sind aufgelöst. Ihr spürt tiefe Unruhe, Wut,
Aggressionen, Ängste, Panik, Verzweiflung, Todessehnsucht
und absolute Erschöpfung. Alles, was in Mutter Erde über
Jahrtausende gespeichert wurde, befindet sich nun in der
Transformation und auf dem Weg ins Licht. Ich möchte mich
bei allen Lichtarbeitern bedanken, ihr Geliebten, ihr
transformiert alle diese erschreckenden Emotionen für euch
und für alle Wesen auf der Erde.
Dies ist eine unglaubliche Leistung und ich weiß, wie viel Mut
und Durchhaltevermögen ihr zeigt. Ich bitte euch, lasst nicht
nach – Ich und zahlreiche Helfer unterstützen euch bei dieser
Transformationsarbeit und auch dabei, alle diese schweren
Emotionen ins Licht zu führen. Die Energien werden immer
leichter und erhöhen sich von Tag zu Tag, so dass die
Transformation beschleunigt stattfindet.

Viele von euch sind schon in der 4. Dimension verankert und
dennoch fühlt ihr euch hin-und her gerissen, weil ihr keinen
festen Stand mehr fühlt. Dies ist ein vorüber gehender
Zustand. Ihr habt euch zur Verfügung gestellt zwischen der 3.
und 4. Dimension zu warten und alle Wesen in die 4.
Dimension zu führen. Ich weiß, dass dies kein angenehmer
Zustand ist. Ihr seid den Energien der 3. Dimension
ausgeliefert und transformiert und könnt für euch keinen Platz
finden, an dem ihr zu Hause seid.
Geht in die Meditation und verbindet euch mit mir. Ich
überreiche euch eine kristallene Rose, die Rose von Mutter
Erde und der 5.Dimension. Ihr könnt visualisieren, dass ihr in
der Rose euren Platz habt, gleichzeitig seid ihr dort mit Mutter
Erde und uns, aus den höheren Dimensionen, verbunden.
Nehmt dieses wundervolle Geschenk von der göttlichen Mutter
an.

Seht auch bei aller Arbeit, die wundervolle Freude: Ihr habt es
geschafft – nach tausenden von Jahren habt ihr es geschafft,

Mutter Erde und alle Wesen aus Krieg, Verzweiflung, Unterdrückung und Leid zu befreien.
Ich bin unendlich stolz und voller Liebe zu euch.
Wir sehen uns in der 5. Dimension und ich kann euch gar nicht sagen wie glücklich ich bin, euch alle wieder in die Arme zu schließen.
In großer Bewunderung Michael

Erzengel Raphael

Ich grüße euch ihr lieben Seelen,
auch ich freue mich euch zu unterstützen.
Ich werde bei euch der „Engel der Heilung" genannt und dies
bin ich auch mit ganzer Seele, Hingabe und Liebe zu allen
Wesen, in allen Welten und allen Universen.
Ich biete euch Heilung, auf all euren körperlichen,
feinstofflichen und seelischen Ebenen an.
Ich kann nur da wirken, wo ihr euch öffnet und mir die
Erlaubnis erteilt.
Wir Engel dienen dem höchsten Schöpfer, der in allem inne
wohnt – auch in euch. Unsere Liebe ist bedingungslos und wir
folgen der Liebe und dem Wunsch des Schöpfers. Unsere
Liebe geht so weit, dass wir auch respektieren, dass ihr
Krankheit statt Heilung wählt, denn wir achten eure
Entscheidung mit dem Wissen, dass ihr dadurch reift und euch
erhebt.
Wenn ihr aus eurem innersten Sein – und damit meine ich
nicht euren Verstand – um Heilung bittet, wird sie euch sofort
gewährt.

Krankheit wird in euren gesellschaftlichen Strukturen als
negativ, ablehnend, angstvoll, zerstörend und
symptomorientiert empfunden und behandelt.

Dies ist eine Illusion. Tatsächlich habt ihr mit eurem
wundervollen Körper eine Vereinbarung getroffen.
Euer Körper ist ein Elementar, ein lebendiges Wesen mit einer
eigenen Intelligenz und Weisheit.
Euer Verstand diente ursprünglich dazu, euren Körper zu
unterstützen, zu nähren und euer Wachstum zu fördern.
In den letzten Jahrhunderten verlegte sich eure
Aufmerksamkeit immer mehr in euren Kopf, vom Körper weg –
besonders seit der Zeit der Industrialisierung, so dass die
„Vernunft" Einzug in euer Leben hielt.
Mit dem Wachstum eurer Technologie wurdet ihr auch
anfälliger für Manipulationen eures Verstandes. Euch wurde
und wird gesagt was gesund, heilend, liebevoll, lebenswert,

Glaube, Staat und Recht, Rechtfertigung von Gewalt, Krieg
und Egoismus zu Lasten anderer, ist.
Irgendwann habt ihr aufgehört eigenständig zu denken und
wahllos die Konditionierungen einiger weniger gelebt.
Dies führte dazu, dass ihr euer Körpergefühl verloren und
ignoriert habt.
Ihr habt verlernt zu fühlen welche Nahrung euer Körper
braucht (und dies ist von Mensch zu Mensch verschieden); ihr
habt verlernt eure Intuition – eure tiefsten Gefühle und
Weisheit – wahrzunehmen und ihr habt verlernt auf diese
Botschaften zu hören und ihnen zu folgen, sodass euer Körper
gar keine andere Wahl hat euch zu erinnern, wer ihr seid.
Er kommuniziert dann mit euch liebevoll über
Ungleichgewichte wie Verspannungen, Druckschmerzen,
Kopfschmerzen. Ihr nehmt dies zur Kenntnis und lebt euer
Leben weiter – mit Medikamenten. Euer Körper wird traurig,
sehnt er sich doch nach Aufmerksamkeit, Zuwendung, Liebe
und dass ihr mit ihm kommuniziert.
In seiner Verzweiflung versucht er euch mit Halsschmerzen,
Grippe, Magen-und Darmerkrankungen, Allergien, Rheuma,
etc. zu erreichen.
Oh..... denkt ihr, dass ist jetzt aber gerade sehr unpassend.
Ich muss doch noch dieses oder jenes tun. Widerwillig fügt ihr
euch... es gibt ja Medizin für alles, um schnellstmöglich wieder
fit zu sein.
Euer Körper rauft sich die Haare, stampft mit dem Fuß auf.....
wechselt von Ärger zu tiefer Depression.
„Hat den mein Geist vergessen, welche Vereinbarung wir
hatten? Wir haben doch vereinbart, ich soll ihm sagen, wenn
er seinen Weg verlässt.
Warum ignoriert er mich denn? Gut... aber ich halte mich an
mein Versprechen, ich werde ihm helfen und ihn erinnern. Ich
liebe ihn."

Ihr fühlt euch schlapp, müde, wütend gereizt, nicht mehr fähig
euren Alltag zu gestalten und geht wieder zum Arzt.
Euer Arzt diagnostiziert euch Krebs im Anfangsstadium,
Parkinson im Anfangsstadium, Aidsinfizierung......

Ich glaube ihr versteht, was ich euch mitteilen möchte. Jede Krankheit ist ein Liebesdienst eures Körpers. Er möchte euch auf etwas aufmerksam machen.

Von Heilung kann man nur sprechen, wenn sie auf allen Ebenen statt findet, sonst ist es lediglich eine Symptombehandlung.

Ich bin überglücklich, wenn ihr euch öffnet und wir gemeinsam an eurer Heilwerdung arbeiten können.

In tiefer Liebe
Erzengel Raphael

Botschaft der Einhörner

Sei gegrüßt,
ich komme zu dir, um dir mehr Leichtigkeit
und Freude zu bringen.
Ich möchte dich wieder an deinen ursprünglichen
Wesenskern erinnern.
Du bist Liebe in ihrer reinsten Form.
All die Sorgen und Missklänge in deinem Leben
kannst du nun getrost loslassen.
Loslassen meint: Denke nicht weiter darüber nach,
sondern lasse alles ruhen.
Ich helfe dir dabei.
Meine Liebe und mein Licht werden dir helfen
die Nebelschleier zu lichten, so dass du wieder Sonne
und Wärme, in deinem Leben hast.
Alles Alte, was dir nicht mehr dienlich ist, lasse los!
Lasse es aus deinem Leben gehen, so kann das
wunderbare Leben, von dem du immer geträumt hast,
zu dir kommen.
Ich bin bei dir.

Die Wiederkehr der Einhörner

Voller Freude begrüßen wir euch.
Die Energiefrequenz auf Mutter Erde hat sich soweit erhöht,
dass die Schleier zwischen unseren Welten sehr dünn
geworden sind.
Ihr habt ein Energielevel erreicht, dass es uns möglich macht,
mit euch zu
kommunizieren und zwischen den Ebenen zu wandeln.

Nach Atlantis waren wir gezwungen auf eine höhere
Energieebene zu wechseln, da eure Ebene immer weiter in die
Dichte und Dualität gegangen ist.
Diese Dichte, bereitet uns körperliche und seelische
Schmerzen, die uns in unserer Essenz zerreißen. So waren
wir gezwungen, euch zu verlassen, was uns sehr schmerzte.
Wir verstanden aber auch den Sinn und das große Geschenk
des Wachstums, welches euch ermöglichte, zu dem wahren
Wesen zu werden, das ihr auf der Lichtebene seid.
Wir sind jetzt sehr glücklich, dass ihr auf dem direkten Weg in
das Licht seid und bieten euch unsere Unterstützung an.

Zunächst einmal möchte wir euch unseren Ursprung erklären,
da doch viele Mythen um Einhörner im Umlauf sind, die nicht
der Wahrheit entsprechen.

Wir sind entstanden aus der Liebe und dem kristallinen Strahl
der göttlichen Mutter. Unsere Energieebene liegt zwischen der
7. Und 9. Dimension – je nachdem wie weit wir uns entwickelt
haben und welche Aufgaben wir übernehmen. Damit sind wir
eng verwandt mit den Reichen der Erzengel und Engel und
arbeiten auch mit ihnen zusammen.
In unserer Seelenpräsenz sind wir reine göttliche Liebe und
dies entspricht auch unserem Seelenauftrag.
Den einzigen Wunsch, den wir haben, ist mit unserer Präsenz,
die reine göttliche Liebe allen Wesen zu überbringen.
Dies tun wir jedoch nur, wenn ihr uns die Erlaubnis dazu gebt.
Wir sind scheu und zurückhaltend, mutig und stark in unserer
Liebe.

Wir sind nicht „aufgestiegene Pferde", obwohl sie uns körperlich und seelisch ähneln. Sie sind auch bei euch, um euch an uns zu erinnern.

Wenn wir uns beschreiben würden, so dass ihr ein bekanntes Bild formen könnt, so sind wir eine Mischung aus Pferd (Leib), Gazelle (Kopf, Hals, Hufe) und Löwe (Mähne, Schwanz).

Das Pferd in uns symbolisiert unsere Freiheit, Freude und Wildheit. Wir sind der Lenker unseres Lebens – eigenständig, selbst bestimmt.

Die Gazelle in uns erinnert dich wachsam und schnell zu sein, nicht zu zögern, sondern zu handeln, wenn der Impuls da ist bzw. die Zeit zum Handeln angebrochen ist. Wir möchten dich lehren die Elemente zu achten und dich mit ihnen zu verbinden. Wir sind sehr feinsinnig und wittern eine Gefahr sofort, so dass wir abwägen können, ob wir ihr gewachsen sind oder ob es sinnvoller ist, schnell zu gehen. Wir schulen deine innere Stimme und Intuition und helfen dir, diese Ideen in die Tat um zusetzen.

Der Löwe in uns zeigt dir deinen wahren Platz im Leben und dass du jetzt in der Lage bist deine Seelenaufgabe zu beginnen. Du bist jetzt bereit die Verantwortung für dich und deine Handlungen zu tragen.

Alle diese Eigenschaften vereinen wir in uns und möchten euch gerne dabei helfen, sie zu entwickeln.

Unser Horn steht für die Gabe der Hellsicht, der Erhellung und der Heilung.
Unser Horn ist das verlängerte 3.Auge, mit kristalliner Klarsicht, die sich auf allen uns bekannten Ebenen ausrichtet und diese miteinander verbindet.
Wir ertragen die Dunkelheit nicht und erhellen sie ganz automatisch. Seien es dunkle Landstriche, Schatten, dunkle Flecken in den Auren, in den Körpern oder in der Psyche. Durch das Licht wird das Dunkle erhellt, erkannt und damit geheilt, um wieder in die Ganzheit zu gehen, die allen Lebewesen als Blaupause zur Verfügung steht. Eure Unversehrtheit ist für euch jederzeit erreichbar, da sie als ganz äußere Hülle eurer Körper vollständig erhalten ist und nicht verletzt werden kann. Sie ist das direkte Abbild der göttlichen

Matrix – der Urform, die die göttliche Mutter von euch geformt und gespeichert hat.

Diese körperliche Blaupause um eure Körper ist für uns sichtbar, so dass wir wissen, welche Heilung gerade ansteht und Sinn ergibt für euren weiteren Seelenweg.

Wir haben die Fähigkeit mit eurer Seele zu kommunizieren. Wir erkennen somit eure nächsten Lernschritte und wir erkennen auch, welcher Anteil der Seele – der in euren Körpern wohnt – Heilung braucht. Die Seele an sich verbleibt in den lichten Reichen unversehrt und sammelt die Erfahrungen, die ihr als Seelenanteil macht.

Wenn ihr uns ruft, werden wir an eure Seite eilen und euch begleiten.

Wenn wir an euren Körpern arbeiten, fühlt es sich wie winzige kleine Eisstückchen an, die an der betreffenden Stelle prickeln.

Wir sind sehr glücklich wieder an eurer Seite zu sein.

Kontakt

Arimea Ashanti

arimea1@yahoo.de

www.arimea.de

www.mutter-erde.de.tl